Gorbatschow als Partner
des Westens

Mensch und Gesellschaft
Schriftenreihe für Sozialmedizin, Sozialpsychiatrie, medizinische Anthropologie und philosophische Reflexionen

Herausgegeben von Erwin Riefler

Band 9

PETER LANG
Frankfurt am Main · Berlin · Bern · Bruxelles · New York · Oxford · Wien

Wolfgang Caspart

Gorbatschow als Partner des Westens

Geschichte – Sozialphilosophie –
Politische Psychologie

PETER LANG
Europäischer Verlag der Wissenschaften

Die Deutsche Bibliothek - CIP-Einheitsaufnahme

Caspart, Wolfgang:
Gorbatschow als Partner des Westens : Geschichte –
Sozialphilosophie – politische Psychologie /
Wolfgang Caspart. - Frankfurt am Main ; Berlin ; Bern ;
Bruxelles ; New York ; Oxford ; Wien : Lang, 2001
 (Mensch und Gesellschaft ; Bd. 9)
 ISBN 3-631-35292-1

Abbildung auf dem Umschlag:
© Manfred Elser

Gedruckt mit Unterstützung
des Bundesministeriums für Bildung,
Wissenschaft und Kultur in Wien
und des Magistrats der Stadt Wien,
MA 18 Stadtentwicklung und Stadtplanung,
Gruppe Wissenschaft sowie
des Amtes der Burgenländischen Landesregierung,
Abt. 7 – Landesarchiv und Landesbibliothek.

Gedruckt auf alterungsbeständigem,
säurefreiem Papier.

ISSN 0930-939X
ISBN 3-631-35292-1
© Peter Lang GmbH
Europäischer Verlag der Wissenschaften
Frankfurt am Main 2001
Alle Rechte vorbehalten.

Das Werk einschließlich aller seiner Teile ist urheberrechtlich
geschützt. Jede Verwertung außerhalb der engen Grenzen des
Urheberrechtsgesetzes ist ohne Zustimmung des Verlages
unzulässig und strafbar. Das gilt insbesondere für
Vervielfältigungen, Übersetzungen, Mikroverfilmungen und die
Einspeicherung und Verarbeitung in elektronischen Systemen.

Printed in Germany 1 2 4 5 6 7

www.peterlang.de

Inhalt

1. Von Kohls „Goebbels" zu Thatchers „Unser Mann" 7
2. Geschichte mit und ohne Urkunden 11
3. Agent oder Reformer? 15
4. Sowjetische (Doppel-)Agenten 19
5. Wer war wirklich so krank? 27
6. Um die Reformierbarkeit des Kommunismus 31
7. Die Gegen-Zivilisation 37
8. Die Abrüstung als Ansatzpunkt 41
9. Der fleißige Lenin-Leser 45
10. Das überflüssige Schreckgespenst 51
11. Die Dialektik der Widersprüche 57
12. Die verfehlte Synthese 63
13. Das Berauschen am Geschwätz 69
14. Die „chinesische Wasserfolter" 79
15. Das „amerikanische Liederbuch" 85
16. Der Erfolg der „liebenden Strenge" 91
17. Schwanengesang 97
18. Im Kampf gegen die „Konterrevolution" 103
19. Ein guter Kommunist ist zugleich auch ein guter Tschekist 107

20. Cui bono - Wem nützte die Perestroika? 111

21. Der Weg ins Nichts 115

22. Die wahre Rolle Gorbatschows 121

Literaturnachweis 135

Personenverzeichnis 141

1. Von Kohls „Goebbels" zu Thatchers „Unser Mann"

Nach der Herrschaft der „alten Männer" kam im März 1985 endlich ein „junger Mann" ans sowjetische Ruder. Die westliche Medienlandschaft war von Anfang an begeistert: Auf Leonid Breschnew, Juri Andropow und Konstantin Tschernenko folgte der 54jährige Michail Gorbatschow, zuvor Zweiter Sekretär des ZK der KPdSU. Gab es für den Westen wirklich einen Grund, die Ablösung der „Gerontokratie" durch einen jugendlichen Feuerkopf im Kreml zu feiern? Mitten im Kalten Krieg, der Nachrüstung und dem sowjetischen Vordringen in Afghanistan nun sogar ein „junger Führer" auf der Gegenseite?

Seit der Zeit Stalins fiel eine westliche Bastion nach der anderen. Nach Castros Machtübernahme in Kuba eroberten die Kommunisten unter dem angeblich so unbeweglichen und erst zuletzt wirklich greisen Breschnew in Indochina, Angola, Mocambique, Kongo-Brazzaville, Äthiopien, Aden, Grenada und Nicaragua die Macht. In Algerien, Syrien, Irak und Indien, zeitweilig auch in Somalia und Libyen regierten sowjetische Verbündete. Wo dem Westen Abwehrerfolge gelangen, hagelte es medialen Tadel wegen „verletzter Menschenrechte": Indonesien, Chile, Argentinien, Uruguay, Grenada oder Panama. In San Salvador und Honduras standen die USA sogar im eigenen „Vorhof" in heftigem Abwehrkampf - nicht nur im Guerillakrieg, sondern auch in der Öffentlichkeit ihrer „Heimatfront" zuhause. Seit den 1970er Jahren blieb der Westen in den Abstimmungen der UN-Vollversammlungen in der Minderheit. Sollte die Dynamik eines neuen Sowjetführers nicht eher das Fürchten lehren?

Auch schon Adolf Hitler wurde vom Time-Magazin zum „Mann des Jahres" erkoren. „Onkel Joe" Stalin und der ihn als Massenmörder sogar noch übertreffende Mao Tsetung erfreuten sich nicht minder einer längeren oder kürzeren Huld der westlichen Presse. Nach Stalins Tod wurde mit Ausnahme des sichtlich senilen und nur mehr ein Jahr herrschenden Tschernenko noch jeder neue sowjetische Generalsekretär mit Vorschußlorbeeren bedacht: Chruschtschow, Breschnew und selbst der alte Andropow. Warum also nicht der junge „Strahlemann" Gorbatschow? Unterschied er sich doch schon optisch so wohltuend von seinen Vorgängern. Regnum novum - omnia nova?

Nach den außenpolitischen Dauererfolgen der Sowjetunion war eigentlich nicht zu erwarten, dass ausgerechnet ein junger Dynamiker vom

Expansionskurs abgehen würde. Den wirtschaftlichen Schwierigkeiten der UdSSR standen ihre weltpolitischen Siege entgegen. Dass das sowjetische System zusammenbrechen würde, war die Einzelmeinung einiger „Exoten" (Loeser 1984, Obst, 1985 oder von Berg 1986), doch keineswegs Allgemeingut der öffentlichen Meinung. Noch Mitte der 1980er Jahre schien es eher eine Frage der Zeit, wie lange es dauern würde, bis die ganze Welt kommunistisch würde. Die westliche Militärstrategie rechnete nicht nur mit der quantitativen Überlegenheit der Gegenseite, sondern auch mit ihrer fortgesetzten Expansion und arbeitete folglich bloß an den Möglichkeiten ihrer Eindämmung.

Noch zu Zeiten des Atomwaffenmonopols dachten die USA nicht im geringsten an ein „roll back" des Kommunismus, sondern an ein „containment" (George F. Kennan nach Henry A. Kissinger 1994, S. 478-507). Erst nachdem das alte Ostküsten-Establishment durch Reagans Westküstenpioniere abgelöst wurde, dachte man ernsthaft an eine militärische Überwindung der Sowjetunion. US-Verteidigungsminister Caspar Weinberger definierte es forsch und vorsichtig zugleich (nach Jung 1987, S. 73): „Wir müssen sicherstellen, dass dieses sowjetische Imperium, wenn es denn aufgrund seiner inneren Widersprüche zusammenbricht, das mit einem Winseln tut und nicht mit einem großen Knall."

Doch noch kein Verantwortlicher erwartete 1985 einen raschen sowjetischen Kollaps. Reagans Nachrüstung, seine Strategische Verteidigungsinitiative SDI („star wars" genannt) und die endlich wirksam geleistete Unterstützung der afghanischen Mudschaheddin durften eher auf ein Erschöpfungs-Patt mit der Sowjetunion zielen. Dass sich daraus der unmittelbare Zusammenbruch des Sowjetimperiums entwickeln würde, war realistisch in keinem Fall abzusehen (Jung, S. 80). Eine Überforderung der sowjetischen Ressourcen hätte eher die Einstellung des Wettrüstens und eine neue „Koexistenz" nach sich gezogen. Der Sowjetunion wäre es nicht zu verwehren gewesen, außenpolitisch anzuhalten, ökonomisch „weiterzuwursteln" und neue Kräfte zu sammeln, um eine wieder kooperativere westliche Führung abzuwarten.

Vor allem waren die liberale Weltpresse und alle westlichen Linksintellektuellen immer schon über jeden „Kommunismus mit menschlichem Antlitz" begeistert gewesen. Auch Gorbatschow eilte von einem Medientriumph zum anderen und wusste sehr wohl, sein Image politisch zu nutzen. Als sich zunächst die außenpolitische Richtung der Sowjetunion nicht zu ändern schien und das Treffen Reagan-Gorbatschow in Reykjavik scheiterte, verglich der deutsche Bundeskanzler Helmut Kohl im Oktober 1986 den neuen Medienliebling Gorbatschow in einem „Newsweek"-Interview (No. 43 vom 27.10.1986, S. 20) deshalb sogar mit dem NS-Propagandaminister Goebbels (auf Deutsch im „Spiegel", Heft 44 vom 27.10.1986, S. 17-21; dann Heft 46 vom 10.11.1986, S. 17-24; sowie Heft 48 vom 24.11.1986. S. 19 f.). Worauf Kohl von der britischen Premierministerin Margaret Thatcher prompt (bei nicht völlig geklärter Quellenlage) unter dem Hinweis zurück- und aufgerufen worden sein soll, Gorbatschow nicht so anzugreifen, denn schließlich sei er „unser Mann".

Es muss eine spezielle Gewissheit gewesen sein, die Thatcher am Höhepunkt der Sowjetmacht zugunsten des vitalen neuen Generalsekretärs bei ihren deutschen Verbündeten intervenieren ließ. Eigentlich hätte Gorbatschow doch noch viel gefährlicher als seine altersschwachen Vorgänger werden müssen, welche schon einen erfolgreichen Expansionskurs zu verfolgen in der Lage gewesen waren. Die Ernennung Gorbatschows zum „zweiten Goebbels" fiel exakt in dieselbe Zeit, in der auch Ronald Reagan, der Präsident der westlichen Führungsmacht, noch vor der Sowjetunion als dem „Reich des Bösen" warnte und daher für SDI mobilisierte. Aufgrund welcher Gründe gelang es den Briten, schon bald die Amerikaner und die Deutschen zu überzeugen?

Damit sind wir aber am Kern der Sache angelangt: Was heißt es denn wirklich, jemand sei „unser Mann"? Besonders, wenn er der Chef unserer langjährigen Gegner ist? Woher wusste die „eiserne Lady" dies, aber der spätere „Kanzler der Einheit" wie der Erneuerer des „amerikanischen Traumes" noch nicht? Am politischen Format lag es wohl nicht, denn davon zeigten alle im Laufe der Zeit keinen Mangel. Der höhere Wissensstand Thatchers muss ein inhaltlich anderer und qualitativ besserer gewesen sein.

„Unser Mann" ist in aller Regel jemand, der unsere Interessen vertritt. Wenn in einer Auseinandersetzung zwischen zwei Parteien - die Weltpolitik nicht ausgenommen - der Anführer der anderen Seite „unser Mann" ist, muss er in Wahrheit der Anwalt „unserer" Interessen sein. Stellt sich die Frage, was Thatcher unter „unseren" Interessen meinen mochte, welche offenbar Gorbatschow vertrat. Mit einem Patt, das im äußersten Fall der sowjetischen Seite drohte, konnten beide Seiten leben. Ein Patt entsprach folglich nicht exklusiv westlichem, sondern beider Interesse. „Unser" größtes Interesse kann - vor allem auch für so eine ausgewiesene Marktwirtschafterin und Antisozialistin wie Thatcher - nur die

substanzielle Schwächung oder gar Beseitigung des Kommunismus gewesen sein. Nur dafür dürfte sie „unseren" Gorbatschow für geeignet oder fähig gehalten haben. Bleibt im Grunde die Frage, ob „unser Mann"
a) dieses Spiel bewusst betrieb oder
b) Ambitionen verfolgte, die ihn ungewollt in die westliche Richtung triften ließen.

2. Geschichte mit und ohne Urkunden

Wenn die Dinge immer so wären, wie sie an der Oberfläche scheinen, hätte sich die Menschheit schon viel Arbeit ersparen können: Die Naturwissenschaft bräuchte nicht zu analysieren, zu rechnen und Theorien oder Gesetze aufzustellen. Die Philosophie müsste nicht mehr nachdenken. Selbst die Mystik bräuchte nicht den „Schleier der Maya" zu lüften. Doch eröffnet sich in aller Regel hinter der naiven Betrachtungsweise eine andere Welt.

Die Naturwissenschaften stützen sich neben der Logik auf die Axiome der Beobachtbarkeit, Quantifizierbarkeit, Wiederholbarkeit und Experimentierbarkeit (Pietschmann 1980). Die Geschichte baut auf Urkunden und Dokumente auf, bisweilen auch auf die Aussagen der „oral history" von Zeitzeugen. Natur- und Geschichtswissenschaft müssen sich nicht nur der Logik bedienen, sondern auch informationstheoretische Fehlerquellen vermeiden: den „confirmation bias" (Suche nach rein bestätigenden Informationen), die „irreguläre Korrelation" (Missachtung falsifizierender Informationen), die Nichtrepräsentativität (Hochspielen spektakulärer Einzelfälle und Vernachlässigung der Häufigkeitsverteilung), eine vorschnelle Beurteilung (Bevorzugung leicht und Vernachlässigung schwerer zugänglicher Informationen) sowie die Verankerungs- und Anpassungseffekte (Anpassung der Folgeurteile an einen Anfangswert). Wie die apriorischen Axiome der Naturwissenschaften ihre aposteriorischen Ergebnisse beeinflussen, so prägt die Dokumentenlage die Geschichtsforschung.

Was also tun, wenn die Motive der politisch Handelnden nicht urkundlich aufzufinden sind? Dass Akteure keine Motive besitzen, keine Interessen vertreten oder keine Beschlüsse fassen, wird niemand ernsthaft behaupten. Besonders schwer tut sich die Zeitgeschichte, solange nicht alle Archive geöffnet sind. Je aktueller die Ereignisse sind, desto wahrscheinlicher leben die Täter noch, und ihre Taten wirken nicht nur augenblicklich weiter, sondern auch darüber hinaus noch auf die absehbare Zukunft. Die meisten Regierungen halten daher aus guten Gründen ihre Archive über lange Zeit gesperrt. In der Regel solange, bis alle Beteiligten und vielleicht auch ihre Kinder und Kindeskinder tot sind. So werden grundsätzlich in Großbritannien alle das Königshaus betreffenden Urkunden für 100 Jahre unter Verschluss gehalten. Bloß mit ausdrücklicher königlicher Genehmigung dürfen Auszüge daraus der Öffentlichkeit zugänglich gemacht werden. Allein wenn man Archive erbeutet, hat die Öffentlichkeit die Chance, vorzeitig den Schleier gelüftet zu erhalten - und dann natürlich selektiv, insofern sie das Beuteopfer belasten und den Beutemachenden heroisieren.

Sind die Archive endlich vollständig geöffnet, steht keineswegs fest, dass alles dokumentarisch niedergelegt und festgehalten wurde. Nicht erst seit Nixon weiß man, wie gefährlich es sein kann, alles detailreich aufzuzeichnen. Wusste Hitler vom Holocaust nichts, oder fand die Schoa gar nicht statt, bloß weil der „Führer" diesbezüglich keine schriftlichen Befehle hinterließ? Bei mangelnden Urkunden bleiben also nur reine Schlussfolgerungen aus den nackten Ereignissen und Handlungen selbst.

Bei Geheimaktionen verschärft sich die Lage erst recht. Dass verdeckte Operationen geheim verlaufen, ist ja der Zweck der Übung. Es mag Journalisten wie Historiker wurmen, aber Geheimdienste arbeiten nun einmal nicht in aller Öffentlichkeit. Haben die Herren von der diskreten Front im Hintergrund wirklich erfolgreich gearbeitet, so bleibt ihr Wirken neugierigen Blicken verborgen. Die größten Erfolge der Nachrichtendienste werden teilweise nie oder höchstens erst dann in den Geschichtsbüchern stehen, wenn man sich erlauben darf, die Archive zu öffnen - und diese nun auch wirklich vollständig alle Aktionen belegen. Geheimoperationen vermag man dokumentarisch nur in den Griff zu bekommen, wenn man
   a) uneingeschränkt über die Archive verfügt und
   b) überhaupt Aufzeichnungen über nachrichtendienstliche Aktionen vorfindet.

Die Großzügigkeit im Öffnen der Archive nimmt mit der Kürze der verstrichenen Zeit und nochmals mit der Brisanz der geheimen Ereignisse ab. Wurden überhaupt Beschlüsse schriftlich gefasst und in Protokolle aufgenommen, wer zwingt die Akteure schon, sie aufzubewahren und sie nicht zu vernichten, wenn sie die Handelnden selbst oder ihre Mitarbeiter kompromittieren? Schweigen alle Akteure grundsätzlich, ist man endgültig auf Indizienschlüsse angewiesen.

Schon die Mafia hängt ihre Aktivitäten nicht an die große Glocke. Alle Angehörigen „gewöhnlicher" Firmen haben Betriebsvorgänge vertraulich zu behandeln. Grundsätzlich sind bereits nichtgeheimdienstliche Staatsangestellte verpflichtet, über alle Dienstangelegenheiten Stillschweigen zu bewahren. Es gehört schon eine große Portion unverbesserlicher Naivität dazu, zu glauben oder gar zu erwarten, dass ausgerechnet Regierungen über die Tätigkeiten ihrer nachgeordneten Dienststellen und Geheimdienste plaudern und dann noch die volle Wahrheit sagen. Man muss kein Machiavelli sein, um es geradezu für die Pflicht einer verantwortlichen Regierung zu halten, ihre inneren Mitarbeiter und vor allem auch ihre äußeren Helfer zu schützen. Belastende Unterlagen nicht zu vernichten, wäre nahezu eine Verfehlung.

Man darf also von vornherein kaum hoffen, über Geheimaktionen ausreichende Urkundenbelege vorzufinden. Obendrein muss man den vorhandenen Dokumenten, wegen der zu erwartenden Unvollständigkeit, äußerst misstrauisch begegnen. In jedem Fall wird man darauf verwiesen, aus den historisch belegbaren Ereignissen die Plausibilität ihrer zugrundeliegenden geheimgehaltenen Aktionen zu erschließen. Je mangelhafter die Dokumentenlage ist, desto größer wird das Gewicht der einzig verifizierbaren Geschehnisse selbst. Damit steigt natürlich die Gefahr der Fehlschlüsse und überzogenen Beurteilungen.

Regierungen stehen folglich in einem Dilemma: Auf der einen Seite müssen sie ihre Mitarbeiter schützen und weiterhin Geheimnisse bewahren. Dazu legen sie schon prophylaktisch Fehlspuren und Legenden an. Auf der anderen Seiten haben Regierungen im besten Fall mit Fehlinterpretationen und irrigen Spekulationen der an den politischen Entwicklungen Interessierten zu rechnen - oder im schlimmeren Fall mit der Aufdeckung peinlicher Wahrheiten. Der Jahrzehnte dauernde Ost-West-Konflikt macht auf beiden Seiten keine Ausnahme, seien es die Aktivitäten des SIS und CIA oder die des GRU und KGB.

Schießen unangenehme Überlegungen zu sehr ins Kraut, werden die vollinformierten Regierungen zunächst versuchen, sie zu marginalisieren. Gelingt dies nicht, wird mit einer massiven Gegenpropaganda zu rechnen sein. Bleibt auch dies ohne den erwünschten Erfolg, und sind die Spekulationen noch negativer als die Wahrheit, so wird den Regierungen auf Dauer doch nichts anderes übrig bleiben, als die wahren Belege zu veröffentlichen. Wohl jeder Regierung, welche peinliche Urkunden zuvor dem angenehmen Kaminfeuer englischer Landhäuser anvertraute.

Auch die vorliegende Untersuchung kann sich nur auf eine Indizienkette aus historisch belegbaren Tatsachen stützen, aber nicht auf bislang unaufgedecktes Geheimmaterial berufen. Zweck ist nicht, Unschuldige in Misskredit zu bringen oder gar das Rad der Geschichte zurückzudrehen.

Manches Licht wird dabei unter dem Scheffel hervorgeholt und die eine oder andere Hypothese sogar falsifiziert werden können. Das Motiv liegt in der Suche nach der Wahrheit, für welche die offiziöse Legendenbildung bisher einfach zu platt, bieder und lammfromm ist. Die Fakten und Abläufe werden dazu nur neu interpretiert. Ob die neue oder doch die traditionelle naive Auslegung plausibler ist, muss aus den bereits verfügbaren Belegen und historischen Ereignissen selbst hervorgehen. Aus ihnen vermag jeder Leser sein Urteil selber zu bilden.

3. Agent oder Reformer?

Wenn 1985 die sowjetischen Entscheidungsgremien ebenso wie selbst später Kohl und Reagan noch nicht wussten, dass Gorbatschow der Mann des Westens war, stellt sich die Frage aus dem Ende des ersten Kapitels: Warum oder wodurch war Gorbatschow „unser Mann"? War er - aus sowjetischer Sicht - ein bewusster Verräter, ein ungewollt benutzter und „abgeschöpfter" Meinungsagent, oder aber ein naiver Reformer, der guten Glaubens und besten Gewissens als sowjetischer „Patriot" handelte?

Sollte Gorbatschow tatsächlich ein britischer Agent gewesen sein, ist nach dem im zweiten Kapitel Gesagten kaum oder jedenfalls nicht so rasch mit der Veröffentlichung der diesbezüglichen Belege zu rechnen. Indem ihn Thatcher als „unseren Mann" bezeichnete, wäre die mögliche Agentenspur an sich schon nach London gelegt. Die damalige Unkenntnis Kohls und Reagans über diese Eigenschaft Gorbatschows würde diese Annahme noch erhärten. Doch ist das Vereinigte Königreich leider jener westliche Staat, der vielleicht am längsten seine Archive schützt. Selbst die noch weit länger zurückliegenden Akten über den Flug von Rudolf Heß nach Schottland wurden noch nicht gänzlich geöffnet (Schmidt 1997) - und wenn sie es je einmal sein sollten, bleibt die Frage, inwieweit sie dann nicht „gesäubert" wurden. Bei den möglichen „Führungsakten Gorbatschow" ist mit Demselben zu rechnen.

Agenten sind immer zu decken. Erst recht gilt dies bei hochrangigen. Man lässt niemanden „auffliegen", nur weil einige Nasen neugierig sind. Solange sich ein Agent nicht „selbständig" macht, gibt es auch keine objektive Notwendigkeit, ihn zu gefährden. Ist er doch bereits Kraft seiner Eigenschaft als Agent des Feindes in Lebensgefahr, besonders wenn er hierarchisch hoch angesiedelt ist. Im Ausland tätige Mitarbeiter leben unter der ständigen Drohung, von der gegnerischen Abwehr enttarnt oder von eigenen „Maulwürfen" verraten zu werden. Einen Agenten aufzudecken, bedeutet nicht nur ihn zu vernichten, sondern auch alle seine Mitarbeiter wenigstens aus ihren Ämtern zu entfernen, selbst wenn diese sich keines bewussten Verrates schuldig machten. Bereits daran kann man in der Regel nicht interessiert sein, untergrübe man damit doch alle normalen, gut eingespieltem und an sich „sauberen" Kommunikationslinien. Schließlich gefährdet man selbst die eigenen Verbindungen und Mitarbeiter, wenn man jemanden „auffliegen" lässt. Eine allfällige Agententätigkeit Gorbatschows wird sich daher nur aus den reinen Fakten und bisher zugänglichen Belegen erschließen oder verwerfen lassen.

Was heißt bei näherer Betrachtung auch schon „Agent"? Mit dem „Verräter" ist er bei weitem nicht ausreichend umschrieben. Um fremden Interessen zu dienen, muss der Spitzenmann eines Staates nicht unbedingt auf der Gehaltsliste einer anderen Macht stehen und fleißige Kofferträger damit beschäftigen, ihm regelmäßig den baren Judaslohn samt neuen Anweisungen zu überbringen, obgleich im Bereich des Lebendigen grundsätzlich nichts auszuschließen und dergleichen auch immer wieder vorgekommen ist. Jedenfalls konnte Gorbatschow unmöglich ein „Spion" á la James Bond im Dienste Ihrer Majestät sein, wofür er britischer Untertan hätte sein müssen. Viele „Agenten" wissen subjektiv überhaupt nichts von ihrer Tätigkeit im fremden Interesse (Ostrovsky 1991). Sie werden benutzt oder „abgeschöpft". In ihrer Nähe sitzen Einflüsterer und verräterische Berater. Auch ursprünglich „saubere" und ehrliche Ratgeber wie loyale Mitarbeiter können „abgeschöpft", „umgedreht", bestochen oder erpresst worden sein.

Bei aller daraus erwachsenden Unsicherheit hinsichtlich der in dieser Arbeit zu entwickelnden Rolle Gorbatschows bleibt aber eines: Seit Tocqueville weiß man, dass ein verrottetes Regiment dann am gefährdetsten ist, wenn es beginnt, sich ernstlich zu reformieren (Tocqueville 1978). Dem „ancien régime" erwuchsen die Gefahren aus dem Inneren, der Sowjetunion freilich bis zuletzt nicht aus dieser Richtung. Aber die Tatsache der Gefährdung während des Reformprozesses bleibt nicht minder, wenn die Gefahr von außen kommt. Erst als der türkische Sultan im Zuge des griechischen Unabhängigkeitskrieges 1827 das verkommene Janitscharencorps auflöste, gelang es dem russischen Zaren zum ersten Mal, die Osmanen im Handumdrehen zu schlagen. Die Zeit der Umstrukturierung und Umgruppierung der einen Seite ist stets der ideale Augenblick für die Offensive der anderen Seite.

Dieses als Erste gegenüber der UdSSR realisiert zu haben, ist das unbestreitbare Verdienst Margaret Thatchers. Im Jahr 1983 berief sie eine Expertenrunde nach Checquers ein, um die Lage in der Sowjetunion zu analysieren (Thatcher 1993, S. 638 bis 655). Offiziell berichtet Thatcher (dieselbe, S. 641): „Die aussichtsreichsten Kandidaten schienen Grigori Romanow und Michail Gorbatschow zu sein" (ebendort, S. 641). Romanow war ihr ein zu betonköpfiger Hardliner. „Die wenigen Einzelheiten über Gorbatschow dagegen gaben Anlass zu bescheidenem

Optimismus. ... und als sein Name in Berichten über die Sowjetunion erwähnt wurde, begann ich, ihm besondere Aufmerksamkeit zu schenken" (ebendort, S. 642).

1980 wurde Gorbatschow ZK-Sekretär und trat zum ersten Mal in der Amtszeit Andropows als Festredner zu Lenins 113. Geburtstag deutlich hervor, indem er die wirtschaftliche Entwicklung als die Hauptaufgabe in den Vordergrund rückte (Wagenlehner 1987, S. 456). Thatcher kannte also den ernsthaften Willen Gorbatschows, die Sowjetunion gründlich umzugestalten. Agent hin oder her, auch die Sowjetunion war am gefährdetsten, als sie sich zum ersten Mal ernstlich zu reformieren suchte. Hier geschickt hineinzustoßen, konnte den Riesen zum Wanken bringen.

Als im Herbst 1984 feststand, dass Tschernenkos Herrschaft wegen seines schlechten Gesundheitszustandes nicht lange dauern würde, lud Thatcher seine zwei möglichen Nachfolger nach London ein, Grigori Romanow und Michail Gorbatschow. Während ersterer absagte, kam letzterer im Dezember und erhielt am Landsitz Checquers von ihr „eine Lektion über die Herrschaftsstrukturen in einer modernen Gesellschaft" (nach Michael R. Beschloss und Strobe Talbot 1993, S. 41). Thatchers Einschätzung liest sich offiziell so (dieselben, S. 42): „Mr. Gorbatschow gefällt mir. Wir können miteinander ins Geschäft kommen". Wenn dann noch alte Stalinisten wie Andrej Gromyko hinter dem Reformversuch standen (Jung, S. 85 f), durfte die seriöse Absicht als verifiziert gelten. Also stand Feuer am Dach!

Daher nur nicht den Reformkurs gefährden! Wenn je, dann war jetzt die Zeit gekommen. Schon deshalb keine verbalen Attacken mehr gegen Gorbatschow! Ein Anheizen des Kalten Krieges von westlicher Seite her hätte zu einem Abbruch der Reformen, vielleicht zum Sturz der Reformer und zu aggressiven Rückfällen führen können. Ob mit oder ohne fremde Einflüsterung, die Tiraden der „Perestroika" und „Glasnost" oder die wirtschaftlichen Reformprojekte (z.B. Aganbegjan 1989) waren so hohl, widersprüchlich und rein theoretisch, dass sie nie zu einer Gesundung des Sowjetsystems hätten führen können. Wer je diese praxisfernen Phrasen aus Allgemeinplätzen, Absichtserklärungen und Rohdaten wirklich lesen sollte (z.B. Gorbatschew 1987), kommt selbst dahinter, dass man damit vielleicht noch mäßig begabte Soziologiestudenten im dritten Semester beeindrucken mochte, aber keine hartgesottenen „Imperialisten". Nur weiter so mit diesen „Reformen"! Sie mussten schon von sich aus das sowjetische System destabilisieren.

Tritt zur offensichtlichen Unfähigkeit der Kommunisten, vor allem ihre wirtschaftlichen Strukturen zu reformieren, noch eine westliche Außenpolitik aus „Zuckerbrot und Peitsche" hinzu, dann durfte wirklich mit einem nachhaltigen Erfolg gerechnet werden. Inwieweit das ökonomische Versagen der Sowjets selbst in den zögerlich anlaufenden Reformversuchen noch dazu oder in erster Linie fremdinitiiert wurde, wird sich in weiterer Folge zeigen. Besaßen die Briten mangels Substanz auch nicht mehr die Machtmittel, selbst die politische Initiative ergreifen zu können, bleibt ihrer Premierministerin dennoch der Lorbeer, die Situation richtig eingeschätzt und ihre westlichen Kollegen von den sich eröffnenden Chancen überzeugt zu haben.

Die Erben des British Empire, die Amerikaner, übernahmen nun das Heft auch in dieser weltgeschichtlichen Phase. Vor allem Kraft der Führungsqualitäten von Reagans Nachfolger George Bush dem Ersten und Dank dem Geschick seines Außenministers James Baker, vorher Reagans Finanzminister und seit 1985 Stabschef, erzielten sie atemberaubende und weltgeschichtlich wohl einmalige Erfolge. Jetzt gewannen die USA den Zweiten Weltkrieg endgültig, wurden zur allein verbleibenden Supermacht und errangen die Welthegemonie.

4. Sowjetische (Doppel-)Agenten

Lenin schuf bekanntlich die Partei als „Vorhut der Arbeiterklasse" in Form von berufsrevolutionären Kadern, um die von Karl Marx mit „naturwissenschaftlicher Notwendigkeit" angekündigte Revolution in einem Lande zu beschleunigen, dessen „objektiven Bedingungen" und Produktionsverhältnisse dafür laut der ursprünglichen Lehre eigentlich noch nicht reif waren. Die Berufsrevolutionäre bildeten also der marxistischen Revolution verschworene Kader, mit einem Wort, sie waren Verschwörer. Sie traten wie konspirative „undercover"-Agenten auf, führten einen subversiven Kampf, wirkten als Agitatoren, Bankräuber, Attentäter und Terroristen, führten Pseudonyme, Deck- wie Kampfnamen und wechselten diese auch nach Bedarf. So hieß allein Wladimir Iljitsch Uljanow nicht nur „Lenin", sondern auch „Peterburschez", „Starik", „Iljin", „Frei", „Petrow", „Meyer", „Jordanow", „Richter", „Karpow" oder „Tulin" (Wolkogonow 1996, S. 145).

Wer im Untergrund kämpft, kommt natürlich immer wieder mit der Gegenseite in Berührung und sucht sie auch zu unterwandern, sofern er nicht gerade auf sie schießt. Im subversiven Sumpf wird ein wahrer Verschwörer leicht zum Doppelagenten, der auf der einen Seite seiner revolutionären Sache dient und sich auf der anderen Seite von den gegnerischen Sicherheitsdiensten scheinbar anwerben lässt, um diese zu düpieren. Oft weiß nur mehr der Eingeweihte, auf welcher Seite jemand steht, und häufig ist sich selbst dieser nicht mehr darüber sicher. Da auch der Gegner nicht schläft, wird so manch ein Verschwörer umgedreht, Spitzel werden eingeschleust, und ein unübersichtliches Verwirrspiel nimmt seinen Lauf. Die eigene Organisation muss sich absichern, ihre (Doppel-)Agenten werden überwacht, und kaum noch einer traut dem Anderen.

Die Partei der Berufsrevolutionäre wurde geradezu zum Prototyp misstrauischer Verschwörer. Viele und vielleicht sogar die Besten hatten eine entsprechende Karriere hinter sich. Wer nicht eine schützende Hand über sich wusste, war jederzeit von Nichteingeweihten - oder übelwollenden Rivalen - als „Verräter" zu überführen. Selbst ein nie abgesprungener Doppelagent musste sich vor der Preisgabe seiner früheren konspirativen Kontakte mit dem Gegner hüten, um später keine Blöße zu bieten. Die hysterische Agentenfurcht und übersteigerte Spionagephobie der späteren sowjetischen „Organe" und Geheimdienste hat hier ihren Ursprung.

Von Anfang an spielten Doppelagenten eine entscheidende Rolle beim Entstehen der Sowjetmacht. Den allgemein bekannten Höhepunkt bildete wohl die Zusammenarbeit der russischen Bolschewiki mit den kaiserlich deutschen Stellen - beim Transport durch Deutschland wie auch noch in anderen Fragen. Schön zeigt sich hier, wie jeder jeden zu benützen sucht. Ein Teil der stalinistischen Säuberungen der 1930er Jahre dürfte auf fingierte Falschmaterialien zurückzuführen sein, die von deutscher Seite den Sowjets zugespielt wurden (Wolkogonow 1989, S. 413 ff). Wer selbst einmal ein Doppelspiel trieb, wird selber anfällig für jeden Verratsverdacht.

Bis in die höchsten Reihen ging der Verrat: Lenin hatte (Wolkogonow 1996, S. 354 f) „zu Roman Malinowski ein freundschaftliches, beinahe herzliches Verhältnis. Der Vorsitzende der Petersburger Metallergewerkschaft genoss das volle Vertrauen des Revolutionsführers. Auf Lenins Empfehlung wurde der begabte Redner und Organisator im Januar 1912 in das ZK gewählt. Gegenüber Sinowjew lobte Lenin das neue Führungsmitglied in den höchsten Tönen.

Was damals niemand wusste: Schon im Mai 1910 war Malinowski von der zaristischen Geheimpolizei angeworben worden, die er seitdem regelmäßig über die Bolschewiki informierte. Auf seinen Hinweis verhaftete man damals Goloschtschokin, Krylenko, Ordschonikidse, Rosmirowitsch, Stalin, die Stasowa und Spandarjan. Als jedoch eine Untersuchungskommission unter Ganetzki, Sinowjew und Lenin den ehemaligen Abgeordneten der Staatlichen Duma unter die Lupe nahm, konnte man an ihm nichts Verdächtiges finden. Nach Lenins Ansicht war Malinowski von einigen 'Lumpen' innerhalb der Partei angeschwärzt worden. ...

Als Malinowski zu Beginn des Ersten Weltkrieges in deutsche Gefangenschaft geriet, hielt Lenin über einen regelmäßigen Briefwechsel die Verbindung mit ihm aufrecht.

Erst 1918, als zunächst die Provisorische Regierung und später die Bolschewiki in den Besitz von Dokumenten der zaristischen Geheimpolizei gelangten, wurde Malinowski entlarvt und verhaftet. Nachdem Lenin davon erfahren hatte, schäumte er vor Wut: 'Dieser Schuft hat uns alle an der Nase herumgeführt! Verräter! Für so einen ist Erschießen noch zu wenig!' "

Lenins Untersuchungskommission gegen Roman Malinowski gehörte wie erwähnt Ganetzki an, alias Fürstenberg - auch Borell, Gendritschek, Frantitschek, Nikolaj, Marin Keller, Kuba oder Hanecki genannt - mit Vornamen Jakub Stanislawowitsch (Wolkogonow 1996, S. 567 und 112 ff). Seine politische Hauptrolle spielte Fürstenberg-Ganetzki als Lenins Hauptberater in Geldangelegenheiten und bei der Durchfahrt durch Deutschland im Jahre 1917. Schon Kerenski wies nach, dass auf der Petersburger Sibirischen Bank „auf die Namen Sumenson (eine Verwandte Ganetzkis) und Koslowski eine immense Summe deponiert war, die unter Vermittlung von Ganetzki persönlich von Berlin über Stockholm überwiesen wurde" (nach Wolkogonow 1996, S. 114).

Fürstenberg-Ganetzkis nicht minder bedeutender Partner dabei hieß Alexander Lasarewitsch Helphand, alias Parvus oder auch Alexander Moskowitsch (derselbe, S. 112). Ein österreichisch-ungarischer Diplomat namens Grebing erinnerte sich, dass (Wolkogonow 1996, S. 114 f) „Parvus und Fürstenberg tatsächlich mit deutscher Hilfe über Skandinavien reguläre, umfangreiche Exportgeschäfte mit Russland betrieben. Man verfuhr dabei folgendermaßen: Parvus erhielt aus Deutschland bestimmte Waren, die Russland dringend benötigte, wie chirurgische Instrumente, Medikamente, chemische Produkte, Kleidung und sogar Verhütungsmittel, und Ganetzki schickte sie dann nach Russland weiter. Sämtliche Einnahmen aus diesem Handel wurden nicht nach Deutschland zurücküberwiesen, sondern vom ersten Tag der Revolution an in erster Linie für die Finanzierung leninistischer Propaganda verwendet.
  Parallel dazu wurden die geheimen Zahlungen an die Revolutionäre auch noch ideologisch getarnt, indem die Bolschewiki Parvus gelegentlich als 'Renegaten', 'Sozialrevanchisten' und 'Revisionisten' beschimpften, um auf diese Weise den Eindruck zu erwecken, sie unterhielten keinerlei Verbindung zu ihm.
  Aus Unterlagen im Staatlichen Sonderarchiv geht zudem hervor, dass Parvus seine abenteuerliche politische Tätigkeit aus den Gewinnen von Spekulationsgeschäften ungeheuren Ausmaßes finanzierte: 'Geschäfte mit Dänemark, der Türkei, Rumänien, Bulgarien und Russland, bei denen er mit Lebensmitteln, Getreide, Kohlen und Medikamenten handelte, seine Beteiligung an der deutschen Propaganda ... sowie Spekulationen mit Frachtverträgen in Skandinavien brachten Parvus ein Kapital von mehreren zehn Millionen ein, das er auf Züricher Banken deponierte.'
  Lenin war zwar nicht persönlich an diesen Geschäften beteiligt, aber gut darüber informiert, da sie ohne sein Einverständnis nicht abgewickelt

werden konnten. So wäre er auch im Hintergrund geblieben, falls man die Sache aufgedeckt hätte. Es gibt eine Reihe von Dokumenten (die meisten wurden natürlich vernichtet), welche belegen, dass Waren und Geld über die Verbindungslinie Ganetzki-Sumenson-Koslowski nach Petrograd gelangten." (Wolkogonow 1996, S. 115 bis 117) belegt und zitiert sie dann noch über drei Seiten.

Im Januar 1915 erklärte Helphand-Parvus dem deutschen Botschafter in Konstantinopel von Wangenheim (Wolkogonow 1996, S. 113): „Die Interessen der deutschen Regierung sind vollkommen identisch mit denen der russischen Revolutionäre. Auch diese können ihr Ziel nur durch die totale Vernichtung des Zarismus erreichen. Auf der anderen Seite kann auch Deutschland nicht siegreich aus dem Krieg hervorgehen, wenn es nicht auf eine Revolution in Russland hinarbeitet. Doch selbst falls diese erfolgreich verlaufen sollte, würde Russland immer noch eine große Gefahr für Deutschland darstellen, wenn es nicht in eine Reihe selbständiger Staaten aufgeteilt wird."

Die deutsche Regierung begann sich tatsächlich für diesen ebenso zynischen wie bestechenden Plan zu interessieren (Wolkogonow 1996, S. 113 f): „Laut Ergebnissen der westlichen Forschung traf Lenin im Mai 1915 mit Parvus zusammen. So heißt es bei D. Schub: 'Lenin hörte sich Parvus' Pläne aufmerksam an, gab ihm aber zunächst noch keine eindeutige Antwort. Allerdings schickte er ihm, um mit ihm in Kontakt zu bleiben, Ganetzki (Fürstenberg) nach Kopenhagen, der in Parvus' Institut eintreten und ihn über dessen Tätigkeit informieren sollte. ' Weiterhin führte Schub aus, dass Lenin dieses Treffen wie ein Staatsgeheimnis hütete und sehr darauf bedacht war, dass niemand davon erfuhr."

Als Jewgenija Mawrikiewna Sumenson unter der mit Deutschland den Krieg fortsetzenden Provisorischen Regierung Kerenskis „wegen Spionage unter Arrest gestellt wurde, gestand sie, dass insgesamt 'eine Summe von 2 030 044 Rubel' durch ihre und Fürstenbergs Hände gegangen war (Archiv der Russischen Föderation). Die erste Partie Medikamente im Wert von 288 929 Rubel habe sie von Fürstenberg aus Stockholm erhalten (ebd.)" (Wolkogonow 1996, S. 117).

Der Autor des Buches „Germany and Revolution in Russia", Zeman, kam laut Wolkogonow zu dem Ergebnis (ebendort): „Im Juni 1915 bat das deutsche Außenministerium auf Initiative von Jagows den Staatssekretär für Finanzen um einen Betrag von fünf Millionen Mark für die Unterstützung der revolutionären Propaganda in Russland. Am 9. Juli wurde die Zahlung bewilligt." Wolkogonow resümiert (ebendort): „Die meisten Historiker sind sich darüber einig, dass unmittelbar nach jenem merkwürdigen Treffen im Mai deutsche Gelder verstärkt in die Parteikasse der Bolschewiki flossen."

Lenin soll die Verwaltung der Finanzen aus den „Enteignungen" und Spenden immer auch als politisches Druckmittel genutzt haben (derselbe, S. 119): „Lenin war für die Gehälter der Mitglieder des ZK im Ausland zuständig. Wenn jemand seiner politischen Linie nicht folgte, wurde ihm das Salär gestrichen."

Neben den Zahlungen sorgte die deutsche Regierung nach der Februarrevolution von 1917, in welcher der Zar gestürzt wurde, auch für die Durchfahrt der bolschewistischen Revolutionäre von der Schweiz nach Schweden, damit sie von dort über das damals russische Finnland nach Russland kamen (Wolkogonow 1996, S. 122):

„Am 27. März 1917 um 15 Uhr machten sich Lenin und seine Reisegefährten auf den Weg. Er selbst und Krupskaja, Sinowjew und seine Frau Lilina, Inessa Armand, Sokolnikow, Radek und noch weitere 25 Genossen teilten sich einen Sonderwagen, in dem ihnen ein vorzüglicher Koch zur Verfügung stand. Was sie besonders freute: ihnen allen war diplomatische Immunität zugesichert worden.
Alles weitere ist bekannt. Der Waggon mit den Revolutionären war für die Deutschen mehr wert als mehrere Infanterieeinheiten, weshalb sie aufmerksam darüber wachten, dass Lenin sein Reiseziel ohne Zwischenfälle erreichte."

Wolkogonow (1996, S. 111) zitiert die Kriegserinnerungen von Erich Ludendorff, dem „militärischen Gehirn" der Deutschen im Ersten Weltkrieg: „Indem sie Lenin die Reise nach Russland ermöglichte, nahm unsere Regierung eine besondere Verantwortung auf sich. Unter militärischen Gesichtspunkten war dieses Vorgehen absolut gerechtfertigt. Russland musste mit allen Mitteln zu Fall gebracht werden." So konnte Ludendorff später öffentlich erklären, „die sowjetische Regierung existiere nur 'von unseren Gnaden' " (ebendort).

Dank ihrer massiven „Spenden"-Gelder „konnten die Bolschewiki nach der Februarrevolution damit beginnen, ganz Russland mit einer wahren Flut von Zeitungen, Flugblättern und Proklamationen zu überschwemmen. Bereits im Juli 1917 gab die Partei 41 Zeitungen mit einer Tagesauflage von 320 000 Exemplaren heraus. 27 dieser Publikationen erschienen in russischer Sprache, die übrigen in Georgisch, Armenisch, Lettisch, Tatarisch und Polnisch. Allein die 'Prawda' hatte eine Auflage von 90 000 Exemplaren. Seit dem Februar war die Partei im Besitz einer eigenen Druckerei im Wert von 260 000 Rubel. Für eine publizistische Tätigkeit dieser Größenordnung reichten die Mitgliedsbeiträge bei weitem nicht aus. Zudem bezogen die leitenden Parteifunktionäre in unregelmäßigen Abständen ihre Gehälter. Doch die Parteikasse war keineswegs leer. Just in dem Moment, als sich die einzigartige historische Chance der Machtergreifung bot, konnte man - neben Spenden und Gewinnen aus den 'Expropriationen' - über die immensen 'finanziellen Zuwendungen' des 'Wohltäters' Parvus verfügen!'" (Wolkogonow 1996, S. 118 f).

Aus anderen Motiven erhielten die Bolschewiken aber auch von einer ganz anderen Seite gewaltige Unterstützung. Der weißrussische General Arsene de Goulevitch schrieb in seinem Buch „Czarism and the Revolution" (zitiert nach Allen, S. 96): „Die Hauptlieferanten für die Geldmittel der Revolution waren jedoch weder die verrückten russischen Millionäre, noch die bewaffneten Banditen von Lenin. Die entscheidenden Summen kamen primär von bestimmten britischen und amerikanischen Kreisen, die seit langer Zeit die Sache der russischen Revolution unterstützten." Goulevitch zitiert hinsichtlich der amerikanischen Geldquellen den General Alexander Nechvolodov (ebendort): „Im April 1917 verkündete Jacob Schiff öffentlich, dass Dank seiner finanziellen Unterstützung die Revolution in Russland geglückt ist. Im Frühjahr desselben Jahres begann Schiff, Trotzki zu subventionieren."

Jacob Schiff, ranghöchster Partner des Bankhauses Kuhn & Loeb Co., gab nach Allen (S. 97) bzw. Goulevitch „Millionen, um den Zar zu stürzen und investierte noch mehr, um den Sturz Kerenskijs zu ermöglichen". Dafür sollen sich dann die siegreichen Kommunisten bei ihren Förderern revanchiert haben (Goulevitch nach Allen, S. 97 f): „Mr. Bakhmetiev, der letzte russisch-kaiserliche Botschafter in den Vereinigten Staaten, sagte uns, dass die Bolschewiken nach ihrem Sieg zwischen den Jahren 1918 und 1922 600 Millionen Rubel an Kuhn-Loeb & Co. - Schiffs Firma - transferierten."

Für die Briten wären nach Goulevitch Sir George Buchanan und Lord Alfred Milner die Finanziers der Revolution gewesen (Allen, S. 99): „In privaten Interviews wurde mir gesagt, dass Lord Milner über 21 Millionen Rubel zur Finanzierung der russischen Revolution ausgab." Mögen Goulevitchs Aussagen vielleicht bezweifelbar oder Allens Theorien zu weltverschwörerisch sein, so steht jedenfalls unwiderruflich fest, wie sehr amerikanische Konzerne die Sowjets in der Phase der NÖP unterstützten. Von der massiven Überlebenshilfe für Stalin im Zweiten Weltkrieg ganz zu schweigen (z.B. Bavendamm 1993).

Die Leninisten besaßen also von Anfang an die Erfahrungen gewiefter (Doppel-)Agenten. Mit dem wachsenden Einfluss des KGB in Partei und Gesellschaft ließen ihre konspirative Fähigkeiten wohl kaum nach. Der Schüler der KGB-Chefs Andropow, Michail S. Gorbatschow, wurde von seinen Förderern sicherlich nicht deshalb protegiert, weil er ein unbeweglich „orthodoxer" Dogmatiker war. Gorbatschows unbestrittene Fähigkeiten lagen vielmehr gerade in seiner geistigen Beweglichkeit. Allein, wohin sollte diese ihn führen?

5. Wer war wirklich so krank?

Die offizielle Legende sagt heute: „Klar, die UdSSR hatte solche strukturellen Probleme, dass sie zusammenbrechen musste." Nun ist diese Einschätzung alles andere als neu, seit 1917 wurde sie immer wieder angestellt. Aber nicht einmal unter den vernichtenden Schlägen der Deutschen Wehrmacht brach sie zusammen. Im Zweiten Weltkrieg hatte sie zwar Verbündete. Doch auch in den 1980er Jahren trieb sie nicht nur einen florierenden Welthandel, sondern verfügte über ein perfektioniertes System an Wirtschafts- und Technologie-Spionage und eine breite „Fünfte Kolonne". Sobald sich eine Krisensituation einstellte, hatten die Sowjets immer noch mit einer Verschärfung der Diktatur reagiert (Ennker 1998, S. 166). Warum sollte dies beim jetzigen neuen Mann anders werden?

Wenn schon die Sowjetmacht „zwangsläufig" implodieren sollte, warum bedurfte es dazu ausgerechnet in der zweiten Hälfte der 1980er Jahre eines endlich wieder vitalen Generalsekretärs, den man vor propagandistischen Angriffen noch extra als „unseren Mann" in Schutz nehmen musste? Bis dahin hat die „sieche" Sowjetunion mit ihren führenden „Tattergreisen" der westlichen Wertegemeinschaft jedenfalls ganz schön eingeheizt. Eine Energiesteigerung an der Sowjetspitze hätte eigentlich die Alarmglocken erst recht zum Ertönen bringen müssen. In diesem Sinne warnte ja Kohl im Oktober 1986 vor dem „zweiten Goebbels". Allein, er wusste noch genauso wenig wie Ronald Reagan, dass der Spitzenmann des „Reichs des Bösen" eigentlich der zu bevorzugende „Geschäftspartner" und „unser Mann" war.

Zur „guten alten" Tscheka-Zeit hätte eine solche Inschutznahme durch den britischen „Imperialismus" schon für ein Todesurteil bzw. einen Genickschuss im Lubjanka-Keller ausgereicht. Beabsichtigte Thatcher mit ihrer Äußerung daher, den gefährlich werdenden Generalsekretär ans Messer zu liefern? Ihr weitres Verhalten, das Umschwenken der deutschen wie amerikanischen Führung in der Einschätzung Gorbatschows und nicht nur seine Beliebtheit in der öffentlichen Meinung des Westens lassen diese Hypothese äußerst unwahrscheinlich erscheinen.

Dass Gorbatschow die Unvorsichtigkeit Thatchers überhaupt unbeschadet überstand, spricht nicht gerade für ein intaktes Selbstverständnis der sowjetischen Führungstruppe. Dass sich ein sowjetischer Führer beim westlichen „Klassenfeind" einer gewissen Beliebtheit erfreut, vermag die Moral des „dekadenten" Westens zu schwächen und daher Ziel sowjetischer Propaganda gewesen sein. Doch noch kein Sowjetführer mit Ausnahme Stalins in der zweiten Hälfte des Zweiten Weltkrieges (und auch er nie vorher oder nachher) wurde von einem britischen Regierungschef als „unser Mann" hofiert. Die schwache Moral im ZK und Politbüro dürfte tatsächlich eine Folge altersschwacher Strukturen gewesen sein, gestärkt und eingelullt durch jahrzehntelange Erfolge. Die von Gorbatschow initiierte „Revolution der Erwartungen" traf auf eine Bewusstseinslage schwindenden Fortschrittsglaubens in der sowjetischen Bevölkerung - wie ihrer Führung (Kux 1987, S. 24-32).

Gorbatschow und seine Spitzenleute stammten aus der zweiten bis dritten Generation sowjetischer Funktionäre. Immerhin waren alle Generalsekretäre vor ihm alte bolschewistische Berufsrevolutionäre, Teilnehmer des Bürgerkrieges gegen die „Weißen" oder wenigstens des Zweiten Weltkrieges bzw. Funktionäre der ersten Generation. Noch das alte ZK und Politbüro bestand bei Gorbatschows Machtübernahme großteils aus ihnen. Während die Alten senil geworden sein dürften, fehlte den jüngeren Nachrückern der zweiten bis dritten Funktionärsgeneration offenbar der revolutionäre Biss. Wie die spätere Entwicklung zeigen sollte, waren sie zwar wie ihre Vorgänger machtbewusst, aber vor allem materiell interessiert. Die breite Korrumpierbarkeit hatte mit Breschnew eingesetzt: Dieser befriedigte die Ansprüche der Nomenklatura und „erkaufte" sich ihre Gefolgschaft (Voslensky 1989, S. 281-352).

Zweifellos, die Sowjets hatten Probleme. Vor allem stand ihnen ihre eigene materialistische Ideologie im Wege. Ihre „Sozialmechanismen" waren angesichts der neueren naturwissenschaftlichen Entwicklungen selbst überholt: Der „wissenschaftliche Sozialismus" hatte schlichtweg die Konsequenzen der Quantenphysik, des Unvollständigkeitstheorems, der Systemtheorie, der Autopoiese oder der Chaos-Theorie ignoriert (Caspart 1991). Deren soziologische Umsetzung hätte die Staatsdoktrin des Histomat und Diamat untergraben, und niemand zieht sich selbst gerne den Boden unter den eigenen Füßen weg. In weiterer Folge musste die zentrale Planwirtschaft in die Krise geraten. Äußerst peinlich, stellt doch die „Kritik der politischen Ökonomie" (der klassischen liberalen Nationalökonomie David Ricardos) die stolze Königsdisziplin des Marxismus dar.

Andererseits hatte der sowjetische Bär in den 1980er Jahren noch keineswegs seine Krallen verloren. Dies beweisen nicht nur die bis dahin aufrecht erhaltene Breschnew-Doktrin von der eingeschränkten Souveränität der kommunistischen Satelliten und der anhaltende Sturm auf die westlichen Bastionen z.B.. in Afghanistan oder Mittelamerika. Durch eine gigantische Überrüstung im Bereich der Trägerwaffen nützte die Sowjetunion das amerikanische Vietnam-Trauma und den westlichen Pazifismus, um über die konventionellen Streitkräfte hinaus ihre Übermacht auch im Hochtechnologie-Bereich auszubauen. Immer noch gingen die sowjetischen Streitkräfte und Sicherheitsdienste ungebremst brutal gegen die „Konterrevolution" vor, nicht zuletzt in den frischen Erwerbungen. Nach „bester" Tschekisten-Tradition machten die Sowjets selbst in Afghanistan *tabula rasa*, nicht anders die von ihnen gestützten und ausgebildeten Herrscher in Äthiopien oder Aden.

Der Westen hatte also Grund genug, nach wie vor die Sowjetmacht zu fürchten. Wer im Kalten Krieg ein Land nach dem anderen an den Feind verliert, hat keine Ursache, die Gegenseite zu unterschätzen. Das Studium der zeitgenössischen Fachliteratur zeigt klar, dass dies auch die westlichen Strategieplanung in keinerlei Weise tat (Gray 1985, Gallios 1990 oder O'Sullivan 1986). Zwar war der Tiefpunkt Amerikas nach dem Vietnam-Trauma und der Teheraner Geiselnahme durch Ronald Reagan überwunden, wie auch die Briten durch den wirtschaftspolitischen Reformkurs Thatchers und den siegreichen Falkland-Krieg seit langer Zeit die ersten Erfolge verbuchen durften. Doch die „Iran-Contra"-Affäre und die enorme Staatsverschuldung der westlichen Führungsmacht zeigten, dass auch der Westen seine Probleme hatte. Ein sorgloses Leben gibt es nur im Schlaraffenland. In einem Krieg haben beide Seiten laufend mit „Friktionen" zu kämpfen (Clausewitz 1971), auch im Kalten.

An einer wirklichen Gesundung des „kranken Mannes an der Moskwa" konnte folglich die westliche Strategie gar nicht interessiert sein. Erwärmten sich die Alliierten 1944 etwa für eine Stärkung Deutschlands oder Japans? In Korea und Indochina hätte man sich (unter „linken" demokratischen US-Präsidenten) nicht sogar auf einen Schießkrieg mit zehntausenden westlichen Toten einlassen müssen, um den Kommunismus einzudämmen, bloß um jetzt (ausgerechnet unter dem „rechten" Republikaner Reagan und der konservativen Thatcher!) eine ernsthafte Genesung der kommunistischen Supermacht voranzutreiben. Mag der Westen vielleicht „dekadent" sein, so hirnrissig sind seine „rechten" Führungsleute samt ihren Stäben auch wieder nicht.

Die von der eigenen Linken wie der sowjetischen Propaganda wegen ihres bösen Antikommunismus angefeindeten „Reaktionäre" und „Imperialisten" hätten der gängigen Legendenbildung zufolge einem energischen

Generalsekretär helfen sollen, den Kommunismus zu revitalisieren? Das glaube, wer es glauben mag. Doch einer vernünftigen politischen Analyse sind solche, schon mehr als blauäugigen Hirngespinste nicht mehr zuzuführen. Wie Kohl und Reagan schon bald verstanden, soll Gorbatschow „unser Mann" gewesen sein, weil er in der Lage oder Willens war, die Feindseite zu stärken? Frei nach dem Motto: Starker Feind, viel Ehr'!

So heroisch mag es in der Ilias, der Edda oder den Deutschen Heldensagen zugegangen sein. Der moderne Krieg verläuft nach anderen Gesichtspunkten. Erst recht der Kalte Krieg, der von beiden Seiten - Korea und Indochina hin oder Stellvertreterkriege her - vor allem als Subversionskrieg geführt wurde. In ihm waren die Spitzenleute beider Seiten die Oberkommandierenden. Und nun wird der Oberkommandant der anderen Seite zu „unserem Mann" - Donnerwetter!

6. Um die Reformierbarkeit des Kommunismus

War Gorbatschow „unser Geschäftspartner", weil ein reformierter Kommunismus auf einer gesundeten ökonomischen Basis und mit menschlichem Antlitz friedlich sein würde? Der „Wandel durch Annäherung" ist wie die „friedliche Koexistenz" ein bekannter Topos, obgleich vor allem durch die Linke vertreten. Bei „reaktionäre Imperialisten" verfing er bislang weniger. Gab es einen Grund, warum diese vergessen sollten, dass schon Chruschtschow als Erfinder der „friedlichen Koexistenz" ganz schön mit dem atomaren Weltkrieg drohen und Kuba ins „Reich des Bösen" heimholen konnte? Nach Chruschtschows Sturz spielte auch sein Nachfolger Breschnew gerne am selben Koexistenz-Klavier, was ihn aber gleichfalls nicht hinderte, in die Tschechoslowakei einzumarschieren, um das Experiment eines „Kommunismus mit menschlichem Antlitz" im Keime zu ersticken. Zudem wurden seit Stalins Tod noch nie so viele Länder dem Kommunismus einverleibt wie unter der angeblich stagnierenden Herrschaft Breschnews. Von so einer „Stagnation" konnte die westliche Wertegemeinschaft damals außen- und machtpolitisch nur träumen.

Vor allem die noch aufzuzeigende Behandlung der Reformkommunisten durch Reagans Nachfolger George Bush belegt, dass auch dieser „rechte" Republikaner, Bankier und Industrielle, ehemalige CIA-Direktor unter dem Republikaner Gerald Ford und Vizepräsident seines Vorgängers nicht im geringsten daran dachte, den Kommunismus auf eine solide Basis zu stellen und zu konsolidieren. Nach den bisherigen Erfahrungen brachte noch jedes Entgegenkommen eine Verschlechterung der eigenen Position. Angelsächsische Rechte hatten keine Veranlassung, dem Kommunismus ein „zweites München" zu gewähren. Nur zwei Arten von Westlern mochten an einen Wandel des Kommunismus durch „Annäherung" - oder noch besser „Perfektionierung" seines Systems - glauben: Ideologische Sympathisanten oder tagträumerische „Appeaser". Die führenden Angloamerikaner der 1980er Jahre zählten weder zur einen noch zur anderen Sorte.

Theoretisch hätte sich auch das sowjetische Imperium weiterentwickeln können, gedacht ist zuallererst in eine revisionistische bzw. sozialdemokratische Richtung. Eine solch substanzielle Positionsveränderung hätte die Entschärfung des „internationalen Klassenkampfes" und die Aufgabe des weltrevolutionären Anspruches der

Sowjets mit sich ziehen können. Entgegengekommen wäre dies selbstverständlich dem Westen, für den nichts wünschenswerter sein durfte als die freiwillige Aufgabe des „proletarischen Internationalismus", der sowjetischen „Reichsidee" und damit des Expansionismus. Doch noch alle Ansätze hiezu entpuppten sich als nicht wirklich von der östlichen Seite ernstgemeint. Sie konnten es auch nicht sein, denn die inneren Auswirkungen einer solchen Systemveränderung wären für die sowjetische Nomenklatura viel zu selbstgefährdend.

Schon unter Lenin erwiesen sich die Sowjets in der NÖP als flexibel, wie auch Stalin 1939 mit Hitler zusammengehen konnte, um die „Imperialisten" aufeinander zu hetzen (Topitsch 1985). Noch nie vergaßen die Sowjets ihr Endziel, wofür sie wie gezeigt zu großer taktischer Flexibilität bereit waren. Schon Lenin (Werke Band 31, S. 434) schrieb am 6.12.1920: „Das Wesentliche ... ist die Grundregel, dass man die Widersprüche und Gegensätze zwischen zwei imperialistischen Mächtegruppen ... ausnutzen und sie aufeinander hetzen muss".

Traditionelle sowjetische Führer sind seit Stalin vorsichtig, schlau und langfristig denkend. Wenn es schon wirklich sein muss, dann hält man eben einmal ein oder geht sogar einen Schritt zurück, wie z.B. gegenüber Titos Jugoslawien. Im Gegensatz zu Bucharin, dem „Liebling der Partei", hat Stalin verstanden, was Dialektik ist. Wer wie seine Umgebung sogar das taktische Bündnis mit dem Todfeind Hitler realisierte, muss Dialektik begriffen haben. Stalins Mitarbeiter Chruschtschow tat es, indem er trotz „Entstalinisierung" das System beibehielt und den antisowjetischen Aufstand in Ungarn 1956 blutig niederschlug. Auch Andrej Gromyko als erfolg- und listenreicher Architekt der sowjetischen Außenpolitik über Jahrzehnte ging durch Stalins Schule und saß bei Gorbatschows Amtsantritt nicht bloß im Politbüro. Vielmehr förderte Gromyko sogar die Berufung Gorbatschows an die Parteispitze (Kölm 1991, S. 192-195) und stieg im Gegenzug dafür zum formellen Staatsoberhaupt auf, zum Vorsitzenden des Präsidiums des Obersten Sowjet.

Kurz nach seiner Amtsübernahme formulierte Gorbatschow am 23. April 1985 im berühmten Aprilplenum des ZK der KPdSU die Grundrichtungen seines Kurses, der Perestroika. Selbst sein anfänglicher Mitstreiter, baldiger Rivale (seit Oktober 1987, siehe Kölm, S. 208) und Gegner sowie schließlicher Erbe Boris Jelzin würdigte dies neben aller Kritik noch vor Gorbatschows Sturz (Jelzin 1990, S. 164): „Als Gorbatschow an die Macht gekommen war, konnte sich in unserem Land wohl kaum jemand vorstellen, welche ungeheure Bürde er damit übernommen hatte. Wahrscheinlich war auch ihm nicht restlos klar, wie zerrüttet das Erbe war, das er nun antrat. Was er vollbracht hatte, wird zweifellos in die Geschichte eingehen. Ich mag keine hehren Worte, doch was Gorbatschow begonnen hat, verdient sie. Er hätte genauso weitermachen können wie Breschnew und Tschernenko. Für seine Amtszeit hätten wohl noch die Naturschätze und die Geduld des Volkes ausgereicht, um ein sattes, glückliches Leben an der Spitze des totalitären Staates zu führen. Er hätte sich mit Orden behängt, das Volk hätte Lieder und Verse auf ihn gedichtet. Dennoch wählte er einen ganz anderen Weg... ."

Im äußersten Fall durfte der Westen also nur damit rechnen, die „rote Sturmflut" zu brechen. Exakt daran arbeitete auch Reagan durch seine Nachrüstung und die Unterstützung der afghanischen Freiheitskämpfer. Gegen den vehementen Widerstand der „Friedensbewegung" sekundierte ihm erfolgreich der wichtigste kontinentaleuropäische Verbündete, der deutsche Kanzler Kohl, in der Pershing-2-Krise. Selbst wenn es gelang, in Mittelamerika und Afghanistan die Sowjets zur Aufgabe ihrer Außenpositionen und durch SDI zum Abbruch des Rüstungswettlaufes zu nötigen, den Zusammenbruch des Sowjetsystems durfte davon niemand erwarten. Imperien sind viel zu stabil, um nicht einzelne Rückschläge auszuhalten. Schon wegen der amerikanischen Invasion Grenadas im Oktober 1983 kam die UdSSR nicht ins geringste Wanken.

Was die Sowjetunion in den 1980er Jahren brauchte, war eine Atempause und eine Modernisierung ihres Systems. Alleine die Motivationslage musste im Osten wie im Westen eine andere sein: Was für den Osten eine Chance zur Verbesserung ihrer Ausgangspositionen war, stellte sich für den Westen als bloßes Hinausschieben einer möglicherweise dann noch drohenderen Gefahr dar. Misslangen die innersowjetischen Reformen, blieb der Kern der sowjetischen Supermacht unversehrt, gelangen sie aber, mussten die Sowjets wieder brandgefährlich werden. Beim Aufgehen der Reform des Kommunismus blieb für den Westen keineswegs die Gefahr einer Rückkehr vom „demokratischen Sozialismus" zur alten aggressiven Linie gebannt.

Um Voslensky zu zitieren (1989, S. 311): „Nach einer Phase der Expansion änderte die sowjetische Führung, sobald sich im Westen Widerstand regte, (immer) ihren Kurs. Die öffentliche Meinung beruhigte sich, Stimmen erhoben sich gegen die 'Alarmlisten'. Inzwischen versuchten die Sowjets ihren Einfluss und ihre neuen Positionen zu festigen, während sie ohne

Unterlass und mit besonderem Eifer dem Frieden, der Abrüstung und dem gegenseitigen Vertrauen das Wort redeten. Das gehörte zur Vorbereitung auf die 'neue Phase' der Expansion".

Ob der Kommunismus überhaupt reformierbar sei und in welche Richtung er dann gehen sollte, ist ein Dauerthema der innermarxistischen Diskussion wie der antikommunistischen Kritik. „Reaktionäre" Hardliner halten ihn dazu höchstens in Grenzen für fähig, jedenfalls mussten „Imperialisten" einen mäßigen Teilerfolg einkalkulieren. Schon deshalb durften Reformen nicht zu einer Verbesserung der sowjetischen Position führen und daher überhaupt nicht gelingen.

In der bisherigen Weltgeschichte brachen Weltreiche, also Kontinente übergreifende Macht- und Staatsgebilde, aus inneren Gründen noch nie plötzlich zusammen: Das Reich Alexander des Großen überlebte in den Diadochen noch Jahrhunderte. Rom wehrte sich lange und überdauerte nach seinem Untergang im Westen noch ein Jahrtausend in Byzanz. Die Reiche Dschingis Khans und Timur Lenks überlebten jahrhundertelang in den Dynastien ihrer Gründer. Das osmanische Reich wehrte sich nach der gescheiterten Belagerung Wiens 1683 noch zweieinhalb Jahrhunderte gegen seinen Niedergang. Auch das spanische und zuletzt das britische Weltreich verschwanden genauso wenig in kurzen Jahren wie die übrigen europäischen Kolonialreiche.

Zu ihrer machtpolitisch besten Zeit waren Deutschland wie Japan bei aller ihrer Stärke nur Regionalmächte und unterlagen zudem in einem Krieg gegen eine Weltkoalition. Nicht minder waren die Reiche der Azteken und Inka nur von regionaler Bedeutung und endeten in kriegerischen Katastrophen. Das Perserreich wurde zwar gleichfalls militärisch vernichtet, aber zugleich von Alexander und seinen Diadochen „übernommen". Die einzige Ausnahme eines totalen inneren Zusammenbruches scheint nur das „Reich" der Hunnen gewesen zu sein: Es brach nach dem Tode Attilas völlig auseinander und verlor seine Spur in der Geschichte. Allerdings besaß es nicht jene innere Struktur, die es zu einem wirklichen Staat gemacht hätte. Sogar die traditionelle Vormacht Ostasiens, das kaiserliche China, vermochte trotz hoffnungsloser militärischer Unterlegenheit noch jahrzehntelang seine konfuzianischen Strukturen aufrechtzuerhalten - und ist *mutatis mutandis* auch als Regionalmacht nicht untergegangen.

Fallen Mächte, so wehren sie sich. Sinkende Weltmächte stemmen sich vehement und so lange wie möglich gegen ihren Absturz. Auch England und Frankreich suchten noch 1956 in Suez energisch, zu retten, was zu retten schien. Die Ära Gorbatschow dauerte so lange wie der Zweite Weltkrieg - etwa sechs Jahre. Es müssen folglich außerordentliche Umstände gewesen sein, die für diesen völligen Kollaps ohne besondere militärische Schläge verantwortlich waren. Noch nie vorher in der Weltgeschichte brach eine bis dahin gefürchtete und bis an die Zähne bewaffnete Weltmacht ohne äußeren Zwang in weniger als einem Jahrzehnt total zusammen. Von der Rasanz des sowjetischen Niedergangs wurden die Amerikaner selbst genauso überrascht, wie die Deutschen zunächst auf die sich abzeichnende Chance ihrer Wiedervereinigung unvorbereitet waren. Noch nie wurde ein vergleichbarer Sieg über eine Supermacht in so kurzer Zeit mit so geringen Mitteln errungen. Was immer dafür verantwortlich sein mochte, es bleibt eine beispiellose Meisterleistung.

7. Die Gegen-Zivilisation

Der Sinn einer Revolution, d.h. einer grundsätzlichen Umkehrung, ist die Schaffung einer Gegenwelt zur bisherigen Ordnung. Die Französische Revolution wollte die republikanische Gegenwelt zur feudalen Monarchie schaffen und die leninistische Revolution die proletarische Gegen-Zivilisation zur kapitalistischen Ausbeutergesellschaft. Fehlt der Wille zur grundsätzlichen Umgestaltung, könnte man sich die ganze Anstrengung ersparen. Es wäre Verrat an der Revolution, auf einem Umweg konstitutive Elemente des bekämpften Gegenkonzeptes übernehmen zu wollen.

Indem die Kommunistische Partei besser als die trägen Massen zu wissen glaubte, worin deren eigentliche Interessen liegen, und sich zur „progressiven Vorhut der Arbeiterklasse" erklärte, wurde sie zum höchsten Träger der proletarischen Ideologie und des revolutionären Bewusstseins. „Ausgerüstet mit der marxistisch-leninistischen Theorie, sieht die Partei weiter und tiefer als die Klasse, die sie vertritt und in deren Namen sie handelt" (Sinjawskij 1989, S. 100). Schon 1919 erklärte Lenin in „Der Staat und die Revolution" (derselbe, S. 102): „Die Menschen teilen sich in die Geführten und in die Spezialisten des Führens, das heißt, Menschen, die sich über die Gesellschaft erheben und Regierende genannt werden." In der „klassenlosen" Sowjetgesellschaft wurden die Parteimitarbeiter zu den „wissenschaftlichen Spezialisten" für das Regieren.

Der revolutionäre Dichter Majakowskij meinte schon 1918, es genüge nicht, ein paar Tage mit Gewehren zu knallen, sondern empfahl (Sinjawskij, S. 164): „Die Jacke zu wechseln ist nicht genug. Euch selbst umkrempeln müßt ihr! Von Innen heraus!" In diesem Sinne meinte Bucharin 1922 (Sinjawskij, S. 164): „Aus der Arbeiterklasse muss ein neuer Menschentypus hervorgehen." Ein programmatischer Artikel in der „Iswestija" formulierte es 1928 folgendermaßen (ebendort): „An einer der ersten Stellen unseres Systems der wissenschaftlichen Planung steht das Problem der planmäßigen Vorbereitung von neuen Menschen - den Erbauern des Sozialismus."

Für den „neuen Menschen" ist ein „Bourgeois" nicht nur ein „Klassenfeind", sondern auch eine grundsätzlich andere psychische Erscheinung. Nach der Liquidierung der Bourgeoisie als herrschender Klasse galt das Bestreben der Sowjets, alle „bürgerlichen Relikte" zu beseitigen. Denn nach dem siegreichen Bürgerkrieg war die

„Weltrevolution" doch nicht angesprungen, der Kampf musste nach innen wie nach außen weitergehen. Wegweisend dozierte Lenin 1921 (Sinjawskij, S. 98): „Die Diktatur ist der Zustand eines verschärften Krieges... Solange das abschließende, endgültige Resultat nicht vorliegt, hält der Zustand eines grausamen Krieges an. Wir sagen: 'Krieg ist eben Krieg. Wir versprechen keine Freiheit und keine Demokratie'."

Auch bei Gorbatschows Amtsantritt als Generalsekretär war „das abschließende, endgültige Resultat" der Weltrevolution - trotz vielfacher kommunistischer Erfolge - noch nicht erfolgt. Taktische Winkelzüge ähnlich der NÖP, dem Hitler-Stalin-Pakt oder der „friedlichen Koexistenz" konnte man nötigenfalls eingehen. Ein strategischer oder prinzipieller Kurswechsel durfte aber gerade von den zu „neuen Menschen" erzogenen Kadern kaum erwartet werden. Waren sie doch alle im Sinne der Worte Lenins vor dem Kommunistischen Jugendbund 1920 indoktriniert (Sinjawskij, S. 172): „Unsere Ethik ist ganz und gar den Interessen des proletarischen Klassenkampfes unterworfen. Wir sagen: ethisch ist das, was der Zerstörung der alten ausbeuterischen Gesellschaft und der Vereinigung sämtlicher Werktätigen und dem Proletariat dient, welches die neue kommunistische Gesellschaft aufbaut... An eine ewige Ethik glauben wir nicht."

In „Der Linksradikalismus als Kinderkrankheit des Kommunismus" empfahl Lenin (Sinjawskij, S. 172 f), „nötigenfalls jeden Winkelzug, jede List, jede illegale Praxis, Verschweigen oder Entstellen der Wahrheit in Kauf zu nehmen". Jetzt, als die inneren Schwierigkeiten der Sowjetunion wieder einmal zunahmen, sollte der Westen die Anweisungen des Revolutionsführers vergessen haben? Hat doch sogar der vielgerühmte Dichter Maxim Gorki gefordert (Sinjawskij, S. 178): „Wenn der Feind sich nicht ergibt, dann wird er vernichtet." Was Lenin selbst von Humanität hielt, kann nicht missverstanden werden (ebendort): „Sentimentalität ist kein geringeres Verbrechen als Profitlichkeit im Krieg."

Von allem Anfang an wurde vom „neuen Menschen" Parteilichkeit gefordert. Der Volkskommissar für Volksbildung und alter Kampfgefährte Lenins, Analtoli Wassiljewitsch Lunatscharskij, kommentierte die leninistische Haltung ganz offen (Sinjawskij, S. 179): „Gerechtes Leben, ein Anspruch auf die weiße Weste sind Ausdruck einer Haltung, die für eine revolutionäre Epoche zutiefst unannehmbar ist".

Angesicht solch verfestigter Perspektiven tat der Westen gut daran, wachsam zu bleiben und nicht allen Schallmaientönen zu glauben. Für die nichtkommunistische Welt war interessant, wohin sich die Sowjetunion in der zweiten Hälfte der 1980er Jahre entwickeln würde. Aus der Sicht des Westens stellte der ehemalige Sicherheitsberater des früheren US-Präsidenten Carter am Höhepunkt der Perestroika 1989 die Problematik klar (Brzezinski, S. 113):

„Die zentrale Frage lautet nicht, ob Gorbatschow an der Macht bleiben wird, ja nicht einmal, ob er Erfolg haben wird oder nicht. ... Im Grunde geht es nur darum, ob sich das sowjetische System zu einem pluralistischen Organismus entwickeln kann, der größere gesellschaftliche und wirtschaftliche Kreativität zulässt und damit die Wettbewerbsfähigkeit der UdSSR auf dem Weltmarkt wiederherstellt. Von der Antwort darauf hängt nicht nur das Schicksal der Sowjetunion, sondern auch das Schicksal des Kommunismus ab."

Für Gorbatschows Perestroika sah Zbigniew Brzezinski fünf Möglichkeiten voraus, wobei er die erste, einen vollen Erfolg, für kaum wahrscheinlich hielt, sodass er folgende Alternativen ins Auge fasste (derselbe, S. 118):
„Möglichkeit 2: lang andauernde, aber ergebnislose Unruhe.
Möglichkeit 3: neuerliche Stagnation, sobald die Perestroika zum Stillstand kommt.
Möglichkeit 4: ein rückschrittlicher, repressiver Staatsstreich als Reaktion auf Möglichkeit 2 oder 3.
Möglichkeit 5: Zersplitterung der Sowjetunion."

Die Probleme für die sowjetische Führung schätzte er völlig richtig ein (derselbe, S. 120): „Das fatale Dilemma des Systems sieht daher wie folgt aus: Der wirtschaftliche Erfolg kann nur auf Kosten der politischen Stabilität erkauft werden, während die politische Stabilität nur um den Preis des wirtschaftlichen Versagens erhalten werden kann."

Bisher war einer kommunistischen Führung immer noch ihr eigener Machterhalt wichtiger als so „kleinbürgerliche" oder „spießbürgerliche" Rücksichten wie wirtschaftlicher Erfolg. Wäre es um „Gewinnmaximierung" oder ökonomische Prosperität gegangen, hätte man den Oktoberputsch von 1917 nicht zu inszenieren brauchen. Kerenski hätte man nicht hinwegfegen müssen, um „mehr Demokratie zu wagen". Durch die Kaderschmiede einer leninistischen Partei gelaufene Kommunisten sind keine „revisionistischen" Sozialdemokraten.

Jenseits von allen vordergründig ideologischen Fragen besaß das Politbüro auch noch ein Imperium, ein inneres wie auch ein äußeres. Bislang hielt es durch seine „Organe" das eigene Land noch gut im eisernen Griff, wie es auch in den „Bruderländern" für „internationalistische Solidarität" sorgte: Nach Brzezinski (S. 127) sind allein zwischen 1950 und 1953 in Ungarn etwa 387.000 politische Gegner verhaftet worden - bei circa 6 Millionen Einwohnern mehr als 5 % der Gesamtbevölkerung. Nach Niederschlagung des ungarischen Aufstandes 1956 ließ das von den Sowjets eingesetzte Kadar-Regime 2.000 bis 4.000 Personen hinrichten. Bei der Niederwerfung des bewaffneten Aufstandes gegen die kommunistische Herrschaft in Polen kamen - nach Stalins Tod - 45.000 Menschen ums Leben; anschließend wurden etwa 5.000 politische Gegner liquidiert, ohne noch von den zehntausenden Deportierten zu sprechen. Während des kurzen Prager Frühlings förderte das reformkommunistische Regime bei der Untersuchung ihrer eigenen Vergangenheit selbst folgende Zahlen zutage: 1951 kamen über 100.000 Personen in tschechoslowakische Konzentrationslager (darunter 6.100 Priester, Mönche und Nonnen), und bei innerparteilichen Säuberungen wurden 278 oberste Parteiführer hingerichtet.

Solche (bei weitem nicht erschöpfende) Anstrengungen sollen umsonst gewesen sein, nur weil man jetzt wirtschaftlich „wettbewerbsfähig" werden wollte? Das war das Sowjetsystem von allem Anfang an nicht, ohne dass dies jemals einen Sowjetführer entscheidend beunruhigte. Um wirtschaftlich wettbewerbsfähig zu werden, hat man 1917 nicht die Macht ergriffen. Man wollte die Weltherrschaft erringen, sprich die Weltrevolution durchführen, aber nicht mit dem Rest der Welt im Welthandel konkurrieren. Der Handel mit dem Klassenfeind diente höchstens dazu, ihm den Strich abzukaufen, an dem man ihn anschließend aufhängen wollte.

Auf Seiten der Sowjetunion wusste man sehr wohl, wie es um ihre Satelliten bestellt sein würde, wenn man den Griff lockerte. Nicht umsonst hat man 1981 in Polen das Kriegsrecht ausgerufen, auch zu einer bewaffneten Intervention wäre man erforderlichenfalls bereit gewesen. Die chinesischen Kommunisten mochten ihre wirtschaftliche Öffnung noch durch einen Nationalismus kompensieren, allein in Osteuropa musste eine solche Öffnung zwangsläufig zu Abstoßungsreaktionen weg von Moskau führen. Das sowjetische Imperium als Ganzes konnte solche Experimente keineswegs durchhalten. Zudem bot die autoritäre Variante für die jeweiligen lokalen Regimes die beste Garantie für ihr weiteres Überleben.

8. Die Abrüstung als Ansatzpunkt

Im sowjetischen Sicherheitsdenken galt die militärische Macht traditionell als der entscheidende Faktor für eine allmähliche Veränderung der „Korrelation der Kräfte zugunsten des Sozialismus" (Weiß, S. 301). Anfang der 1980er Jahre schien die UdSSR den Westen rüstungsmäßig niederzuringen, allerdings um einen enorm hohen und in Friedenszeiten einmaligen Preis: Ein Viertel bis ein Drittel des sowjetischen Bruttosozialproduktes floss in die Militärausgaben (Weiß, S. 310).

Dem Westen und allen voran den führenden USA blieb nichts anderes übrig als gleichzuziehen, wollten sie nicht erdrückt werden. Reagan beschritt bekanntlich diesen Weg und zahlte ebenfalls einen außerordentlichen Preis: Rund die Hälfte des amerikanischen Bundeshaushaltes musste dafür defizitfinanziert werden. Die qualitativ besseren Rüstungsprodukte Amerikas (cruise missiles und SDI) zeigten den Sowjets, dass sie den Rüstungswettlauf nicht mehr gewinnen konnten (Weiß, S. 312-314). Im Grunde wollten daher beide Seiten die Rüstungsspirale zurückdrehen.

Folglich musste der Rüstungswettlauf bzw. die Abrüstung zum Angelpunkt der beiderseitigen Bemühungen werden und zum Ansatzpunkt der westlichen Gegenstrategie. Kaum noch sind die damaligen Vokabeln im Ohr: SALT II, START, VKSE oder Nulllösung. Sie alle klingen bereits merkwürdig verstaubt. Was nun kommen sollte, ist im Detail etwas verwirrend, zeigt aber doch eine in sich stringente Linie. Wer die zahllosen Winkelzüge und vielfach unvermeidlichen Irritationen nachvollziehen will, wird bei Michael R. Beschloss und Strobe Talbot (1993) gut versorgt (in der Folge B&T genannt). Gut informiert und reichhaltige Zitate gebrauchend bleiben zwar die beiden Autoren die Nennung ihrer Quellen leider schuldig, die Dichte der Darstellung beweist aber, dass ihr Informationsstand nichts zu wünschen übrig lässt. Natürlich wird nicht wirklich alles gebracht, wie gut an der Irak-Krise bzw. dem Zweiten Golfkrieg und seiner Vorgeschichte nachvollziehbar ist. Talbot sollte es im Folgenden sogar zum Unterstaatssekretär für Osteuropa unter dem demokratischen Präsidenten Bill Clinton bringen. Auch ohne Zitatnennung darf man Beschloss und Talbot glauben, Insiderwissen besessen zu haben.

Nachdem im Dezember 1984 Thatcher in Checquers erkannte, dass man mit Gorbatschow „ins Geschäft kommen" könne, sah für die Amerikaner auch ihr Vizepräsident bereits im März 1985 klar, welcher Weg einzuschlagen wäre: Nach dem Begräbnis von Tschernenko empfing Gorbatschow George Bush und US-Außenminister George Shultz im Kreml, um ihnen kundzutun, an einer Konfrontation mit den USA desinteressiert zu sein. Auf die Menschenrechte angesprochen, reagierte Gorbatschow noch entrüstet über die Einmischung in innersowjetische Angelegenheiten. Sogar vor Reportern legte darauf Bush die zukünftige amerikanische Strategie offen (B&T, S. 13): „Natürlich wollen wir, dass die Sowjetunion sich verändert. Und jetzt gibt es dort einen Mann, der sie verändern will. Doch in welche Richtung diese Veränderung geht, hängt teilweise davon ab, wie wir mit ihm zusammenarbeiten. Unsere Aufgabe ist es zwar nicht, ihm zu 'helfen', aber wir müssen den US-amerikanischen Interessen in einer Weise Geltung verschaffen, die seine Politik in die von uns gewünschte Richtung lenkt."

Diese offenherzige Ankündigung war am nächsten Tag überall zu lesen und konnte der sowjetischen Presseanalyse unmöglich entgehen. Im Grunde war sie auch gar nicht so überraschend, sondern entsprach der natürlichen Interessenslage der sowjetischen Feindseite. Nicht bloß jeder Absolvent einer Generalstabsakademie oder „advanced student" eines Management- und Politologie-Kurses in Havard sollte gelernt haben, eine Situation auch mit den Augen des Gegners zu betrachten. Dass man in weiterer Folge tatsächlich auf die annoncierte Weise mit dem Spitzenmann der Gegenseite „ins Geschäft kommen" und so in die von den Amerikanern gewünschte Richtung „zusammenarbeiteten" konnte, ohne der UdSSR wirklich zu „helfen", ist die eigentliche Sensation.

Normalerweise herrscht im Geschäftsleben der Grundsatz von Treu' und Glauben. Nach gängig liberaler Wirtschaftslehre ist der Markt jener Ort, an dem es zwischen Angebot und Nachfrage zu einem fairen Austausch kommt. Nicht minder definierten schon die alten Römer die Politik als „do ut des - gib, damit dir gegeben werde". Tatsächlich hätten im Abrüstungs- „Geschäft" beide Parteien etwas zu gewinnen gehabt. Es muss also ein recht merkwürdiges und einseitiges Geschäft gewesen sein, das nur den Interessen einer Seite dienen und der anderen nicht helfen sollte.

Das Zivil-, Handels-, Konsumentenschutz- und Wettbewerbsrecht marktwirtschaftlicher Gesellschaften erhält als juridische Begleiterin des Geschäftslebens normalerweise die dezidierte Aufgabe, unlautere Überforderungen einer Partei durch die andere zu verhindern. Gerade von der „eisernen Lady des Kapitalismus", also der Hohenpriesterin der freien Marktwirtschaft, durfte man eine paradigmatische „Lektion" eines fairen

Interessensabtausches erwarten. Nun mag man zwar der Ansicht sein, in der zwischenstaatlichen Politik gelten diese Regeln mangels übergreifender Autoritäten nicht, sodass „ungleiche Verträge" oder schlicht der Betrug und die Erpressung statthaft wären. Allein davon kann im Grunde nicht gesprochen werden, kündigte doch die amerikanische Seite selbst offen an, dem Vertragspartner gar nicht helfen und ihn bloß in die US-Richtung lenken zu wollen.

Nachdem die Vorwarnung, ein einseitiges „Geschäft" abschließen zu wollen, verlautbart worden ist, hatten die auch sonst immer genau analysierenden Sowjets alle Veranlassung, nun erst recht vorsichtig zu sein. Vor allem, wenn im internationalen Machtkampf keine übergeordnete Schiedsinstanz existiert, ist der alte Rechtsgrundsatz nicht zu vernachlässigen: „Augen auf vor Kauf". Ohne tieferen Grund hat ihn „unser Mann" an der Sowjetspitze bestimmt nicht aufgegeben, welche doch seit Lenins Tagen ein anderes einseitiges Geschäft beabsichtigt, nämlich die „nützlichen Idioten" an dem Strick aufzuhängen, den sie zuvor selbst verkauft hatten.

Energisch und mit noch nie da gewesener Geschwindigkeit erneuerte Gorbatschow das Politbüro (Jung, S. 87 ff). Wenn Gorbatschow 1986 im „Kommunist" ausführt: „Es ist sicherlich keine Neuigkeit, dass ich Lenin lese und immer wieder lese", dann darf man dem Generalsekretär der KPdSU getrost auch die Kenntnis des Briefes Lenins an den Volkskommissar des Äußeren Tschitscherin vom 16.2.1923 zumuten: „Genosse Tschitscherin! Den Pazifismus haben sowohl Sie als auch ich als das Programm einer revolutionären proletarischen Partei bekämpft. Das ist klar. Aber wer hat wo und wann die Benutzung des Pazifismus durch diese Partei zur Zersetzung des Feindes, der Bourgeoisie, bestritten?" Der wackere Lenin-Student konnte daher nach dem Rüstungswettlauf unmöglich völlig naiv auf den Abrüstungswettlauf umgeschalten haben.

Beide Seiten waren also keine Waisenknaben und wussten dies voneinander. Die Abrüstungsschalmeien dienten somit beiden weltpolitischen Antagonisten als Hebel zur Schwächung des jeweiligen Gegners. Mit dem Amtsantritt Gorbatschows kündigte sich auch noch eine Zeit lang kein Bruch im Anspruch und Selbstverständnis der Sowjets an. Das neue Programm der KPdSU von 1986 tönte noch selbstbewusst und aggressiv: „Im Stadium des Imperialismus entwickeln sich die materiellen Bedingungen für die Ablösung der kapitalistischen Produktionsverhältnisse durch sozialistische, reifen die objektiven und subjektiven

Voraussetzungen für eine siegreiche sozialistische Revolution heran." Auch der Westen tat gut daran, vorsichtig zu bleiben und alle Mittel zu nützen.

Ganz unverblümt und in bester alter Manier drohte Prof. Afanasiew am Endes des Jahres von Gorbatschows neuem Parteiprogramm im Zentralorgan „Prawda" am 5.12.1986: „Die KPdSU unterstützt die internationalen Arbeiter-, die kommunistischen und nationalen Befreiungsbewegungen und führt einen unversöhnlichen Kampf gegen den Klassenfeind. Marxisten sind keine Pazifisten. Sie betrachten gerechte Befreiungs- und Verteidigungskriege als natürlich und gesetzmäßig." Gorbatschow widersprach im keineswegs und bestätigte noch ein gutes Jahr später im ZK am 12.1.1988: „Wir haben unsere Wahl getroffen und werden auf dem Weg weitergehen, den wir 1917 begonnen haben." (Die vier letzten Zitate nach Wettig 1988). Verwunderlich ist es nicht, dass Kohl im Oktober 1986 Gorbatschow noch für einen zweiten Goebbels hielt.

9. Der fleißige Lenin-Leser

Einem westlichen Anti-Kommunisten standen seit jeher Bibliotheken antikommunistischer Literatur zur Verfügung. Der Generalsekretär hatte aber als fleißiger Lenin-Leser neben der offiziellen Lenin-Literatur auch noch Zugang zu den geheimen Archiven der Sowjetunion. Gorbatschow musste wissen, was der sowjetische Generaloberst und Philosophieprofessor an der Lenin-Militärakademie Dimitri Wolkogonow (1996, S. 426) in seiner Lenin-Biographie nochmals unterstrich: „Im Hinblick auf die 'Weltrevolution' erfuhren Lenins prophetische Ambitionen ihren höchsten Ausdruck, ungeachtet des beispiellosen Kraftaufwandes, der zur praktischen Umsetzung dieser Prognose nötig war."

Als Lenin-Adept wusste Gorbatschow bestimmt, dass sein vielgelesener Lehrmeister Lenin schon anlässlich des ersten Jahrestages der Gründung der III. Internationale am 6. März 1920 auf dem Festakt des Moskauer Sowjets verkündete, man könne „sicher sein, dass der Sieg der kommunistischen Revolution in allen Ländern unumgänglich ist" (derselbe 1996, S. 427). Der Führer der Bolschewiki beendete seine Rede unter tosendem Applaus mit den Worten: „Der baldige Sieg der kommunistischen Internationale auf der ganzen Welt ist uns gewiß" (derselbe 1996, S. 428).

Schon damals wurden sämtliche finanzielle Mittel zur Unterstützung der erforderlichen Organisationen locker gemacht. Während in Russland eine Hungersnot unvorstellbaren Ausmaßes wütete, und die Sowjets wohltätige und soziale Organisationen sogar um Hilfe baten, „flossen auf Weisung des Politbüros, des Rates der Volkskommissare und des Revolutionsführers persönlich Millionen Rubel in das Projekt der Weltrevolution" (derselbe 1996, S. 439). Sollte das System nach sieben Jahrzehnten Herrschaft anders geworden sein, nur weil ein Generalsekretär derselben Partei wechselte?

Seit den sowjetischen Gründertagen stand immer das weltrevolutionäre Endziel über den „kleinlichen" Nöten der Unterworfenen (derselbe 1996, S. 368): „Seiner konspirativen Denkweise gemäß sah Lenin in der Tätigkeit der ausländischen Hilfsorganisationen kein humanitäres Anliegen, sondern eine 'Intrige der imperialistischen Bourgeoisie' ". Dazu kommentierte Gorbatschows Lehrmeister Lenin seine Einschätzung fremder Hilfe am 23. August 1921 unumwunden (ebendort):

„Geheim. An den Genossen Molotow. 23.8.
Genosse Molotow,
aufgrund des Abkommens mit Hoover steht uns ein Massenansturm von Amerikanern bevor, um deren Überwachung wir uns kümmern müssen. Ich schlage dem Politbüro vor:
Eine Kommission zu gründen, die sich über die Tscheka und andere Straforgane mit der Verstärkung der Überwachungsmaßnahmen für Ausländer befaßt.
Zusammensetzung der Kommission:
Molotow, Unschlicht, Tschitscherin.

Lenin"

Der entsprechende Beschluss wurde gleich am darauffolgenden Tag gefasst. Doch nicht genug damit (ebendort): „Auf Weisung Stalins, Trotzkis und Kamenews wurden den amerikanischen Wohlfahrtsorganisationen zudem zahlreiche Beschränkungen auferlegt. So durften Lebensmittel nur in begrenztem Umfang an Privatpersonen und Vereinigungen abgegeben werden, man verlangte Geld für den Transport der Hilfsgüter auf den russischen Verkehrswegen und für die Benutzung der Lagerhäuser. Den bolschewistischen Führern schienen die eigenen ideologischen Prinzipien wesentlich mehr zu bedeuten als das Leben ihrer russischen Mitbürger."

Finanziell und logistisch war die Komintern von Beginn an vom russischen ZK abhängig. Sein Politbüro entschied faktisch bis hin zu den Details von Aufrufen alles. „Das Politbüro errichtete unter dem 'Dach' der Komintern im Ausland zahlreiche Stützpunkte" (derselbe, S. 429), deren nationale Sektionen sich nicht nur um die Propagandaarbeit in den eigenen Ländern, kümmerten, sondern auch um die Organisation konkreter politischer Aktionen wie Streiks, Demonstrationen, Proteste und Aufstände. So finanzierte es konkrete Operationen und rekrutierte auch die Kader. Für die verlogene Geheimhaltung sorgte Lenin selbst (derselbe, S. 438): „Genosse Molotow! Ich bin voll und ganz Tschitscherins Ansicht. Keine offenen und erst recht keine demonstrativen Aktionen. Mehr Geheimhaltung. Dies als Direktive des ZK ausgeben" (Archiv für neuere Geschichte).

Während in Russland Hungersnot und Bürgerkrieg wüteten, saß der subversive Rubel zur Unterwanderung des kapitalistischen Auslandes locker (derselbe, S. 440): „Alle nationalen Organisationen, die sich mit den Richtlinien der Komintern einverstanden erklärten, wurden von Lenin und seiner Partei gut versorgt. Regelmäßig füllten die kommunistischen

Parteien folgender Länder ihre Kasse aus den Moskauer Geldbeständen auf: USA, Polen, Österreich, Schweiz, Schweden, Ungarn, Jugoslawien, Rumänien, Luxemburg, Holland, Griechenland, Türkei, Persien, Indien, das englische Indien (so steht es in den Protokollen), China, Korea, Japan, Deutschland, Belgien, Spanien, Argentinien, Italien, Südafrika, Estland, Lettland, Litauen, Finnland, Norwegen und andere mehr. Erhebliche Summen verteilte der Ausschuss der Komintern an Jugendorganisationen und kommunistische Gewerkschaftsorganisationen, verschiedene Verlage, Büros und Zentren. Großzügiger als alle anderen wurde die Kommunistische Partei Deutschlands unterstützt." Zum Beispiel übergab allein in Deutschland der kommunistische Agent James Reich 1921 für die Vorbereitung des bewaffneten Aufstandes der KPD 122 Millionen Mark in Devisen und Wertgegenständen (derselbe 1996, S. 442).

Lenin war nach Wolkogonow (1996, S. 431) „von Anfang an bemüht, der Komintern rigide organisatorische Formen zu verleihen. Falls es gelang, eine disziplinierte und zentral geleitete internationale Organisation im Weltmaßstab zu schaffen, dann würde, so hoffte der Revolutionsführer, seine Prophezeiung von der 'Unausweichlichkeit' der Weltrevolution Wirklichkeit." Es müssten schon besondere Gründe walten, warum sein ihn immer wieder lesender Nachfolger davon ablassen sollte. Läppische Kleinigkeiten wie ökonomische Engpässe waren zum Aufgeben des Endzieles für einen Bolschewiken wohl kaum dazu geeignet.

Wohin die Reise gehen sollte, beschrieb das auf Anordnung Lenins (von Leo Trotzki) verfasste „Manifest des II. Kongresses der Kommunistischen Internationale" unmissverständlich (nach Wolkogonow 1996, S. 432):
„Der Imperialismus muss aus der Welt geschafft werden, damit das Menschengeschlecht weiter existieren kann."
„Der rückständige ... Parlamentarismus, eine Fehlgeburt der bürgerlichen Revolution, die ihrerseits schon eine Fehlgeburt der Geschichte ist, steckt noch in den Kinderschuhen, leidet aber schon an allen Krankheiten des Greisenalters."
„Das Sowjetsystem ist die klassenmäßige Organisation, die den Parlamentarismus bekämpfen und seinen Platz einnehmen muss ...".

Auch wenn Trotzki zur von Stalin vertriebenen und letztlich in Mexiko ermordeten Unperson wurde, das kommunistische Programm blieb bis weit in Gorbatschows Zeiten dasselbe. Nie wurde man müde, den „proletarischen Internationalismus" und die „Unausweichlichkeit der Weltrevolution" zu predigen und vor allem diese voranzutreiben. Wer nach seinen eigenen Worten Lenin, noch dazu als dessen Epigone, liest und immer wieder liest, von dem darf wohl kein Denkender verlangen, dass er ohne Not von Lenins Ambitionen Abstand nehmen würde. Zu Beginn seiner Karriere spielte Gorbatschow immer „die Rolle, die innerhalb des Parteirituals für ihn vorgesehen war" (Wolkogonow 1996, S. 432) und betätigte sich sogar als Panegyriker für den greisen Tschernenko. Gorbatschows späteres Wettern gegen die „Stagnation" Breschnews diente doch in erster Linie dazu, diejenigen aus Breschnews Seilschaft herauszuschießen, welche Gorbatschows eigener Machtentfaltung im Wege waren. So hatte schon Breschnew den „Subjektivismus" Chruschtschows verworfen, Chruschtschow den „Personenkult" Stalins verurteilt und Stalin den Leninismus instrumentalisiert, um seine Rivalen jeweils als „Links-„ oder „Rechtsabweichler" auszuschalten und die Partei zu disziplinieren.

Wenn es einmal wirklich schlimm kommen sollte, war nicht nur Stalin unter dem Druck des Zweiten Weltkrieges 1943 bereit, zugunsten seiner „imperialistischen" Verbündeten die Kommunistische Internationale (Komintern) aufzulösen und sie 1947 durch das Kommunistische Informationsbüro (Kominform) zu ersetzen. Schon Lenin war im Frieden von Brest-Litowsk bereit, eine Million Quadratkilometer abzutreten. Lenin wollte „dem offensichtlichen Sieger Gebiete abtreten, um Zeit zu gewinnen. Darin und nur darin liegt der springende Punkt... Die Unterzeichnung eines Vertrages bei einer Niederlage ist ein Mittel, um Kräfte zu sammeln" (Wolkogonow 1996, S. 194 f).

Die „dialektische" Flexibilität der Kommunisten musste auch zu Gorbatschows Zeiten dem Westen zu denken geben. Was die Sowjetunion nach dem Tode Tschernenkos brauchte, war kein orthodoxer Dogmatiker, sondern ein Reformator, der Kräfte sammeln konnte. Schon Bucharin wurde „der Liebling der ganzen Partei", weil er Scholastiker, aber kein Dialektiker war. Lenin qualifizierte in seinem berühmten „Brief an das ZK" vom 23. und 24. Dezember 1922, seinem „politischen Testament", in dem er u.a. auch (zurückhaltend) vor Stalin warnte, über den Vertreter der reinen Theorie (nach Wolkogonows früherer Stalin-Biographie 1989, S. 132): „Bucharin ist nicht nur ein überaus wertvoller und bedeutender Theoretiker der Partei, er gilt auch mit Recht als Liebling der ganzen Partei, aber seine theoretischen Anschauungen können nur mit sehr großen Bedenken zu den völlig marxistischen gerechnet werden, denn in ihm steckt etwas Scholastisches (er hat die Dialektik nie studiert und glaube ich, nie vollständig begriffen)."

Denn (Wolkogonow 1989, S. 261): „Während der Jahre des Bürgerkriegs verkörperte Bucharin die radikale 'linke' Linie. Und er war auch einer der Ideologen und Politiker des 'Kriegskommunismus'. In seiner Arbeit 'Die Ökonomik der Transformationsperiode' pries er Theorie und Praxis des 'Kriegskommunismus'. Elemente von Gewalt und Direktiven in der Wirtschaft nannte Bucharin 'Unkosten der Revolution'. Diese 'Unkosten' erschienen ihm unvermeidbar. Die proletarische Revolution zertrümmerte zunächst die Ökonomie, um sie dann rasch wiederaufzubauen."

Wolkogonow meinte weiter zum linksradikalen „Liebling der ganzen Partei" (ebendort): „Am vollständigsten hatte er seine Ansichten dargelegt in seiner bekannten Arbeit 'Das ABC des Kommunismus'. ... Zu Beginn der zwanziger Jahre schätzte Stalin übrigens diesen 'Katechismus' der Kommunisten hoch ein. Im 'ABC' waren, wie in einer Enzyklopädie, die Grundlagen der Revolution, des Klassenkampfes, der Diktatur des Proletariats, die Rolle der Arbeiterklasse, das Programm der Kommunisten und so weiter dargelegt. Der Erfolg des Buches war groß. Es wurde rund zwanzigmal aufgelegt und erschien auch im Ausland. Dank dieses populären Buches, in dem die grundlegenden Fragen der revolutionären Bewegung in einer radikalen Sicht dargelegt wurden, wurde Bucharin im Land und in der Partei nicht weniger bekannt als Trotzki, Sinowjew und Kamenew. Im Westen beurteilte man Bucharin aufgrund dieses Buches lange Zeit als den 'Hohenpriester des orthodoxen Marxismus'. Das war nicht völlig falsch."

Die tiefgründige und vielschichtige Be- und Verurteilung der scholastischen Theorie durch Lenin musste nicht nur das Politbüro, sondern auch Gorbatschow gekannt haben. Eine sture, undialektische, dogmatische und bloß theoretische Politik war nach dem Tode Breschnews, Andropows und Tschernenkos nicht mehr gefragt, sondern eine taktische und praktische, oder mit einem Wort eine „dialektische". Als flexibler Taktiker sollte und wollte Gorbatschow nach 1985 die marode kommunistische Wirtschaft wiederaufbauen. Der Westen hatte nicht minder mit einer flexibleren Raffinesse seiner Gegenseite zu rechnen, zumal wenn ein fleißiger Lenin-Leser an ihrer Spitze stand. Ohne Zutun „unseres Mannes" wäre die Sowjetunion nicht binnen Kürze implodiert. Bleibt die Frage, wann die taktische Dialektik endet, und wo das Abrücken vom Endziel oder gar der Verrat beginnt.

10. Das überflüssige Scheckgespenst

Aus amerikanischer Sicht brauchte man die Sowjets in den 1980er Jahren längst nicht mehr. Ursprünglich hatten die USA nämlich durchaus eine Verwendung für das Sowjetsystem: Franklin Delano Roosevelt benötigte die Sowjetunion unbedingt als Festlandsdegen gegen Hitler und kam ihr deshalb bei jeder Gelegenheit entgegen (Bavendamm 1993). Als sich dann Stalin nicht in eine gemeinsame Weltordnung mit dem „Klassenfeind" begeben wollte, sondern weiter den Weltrevolutionsgedanken in Form des Sowjetimperialismus verfolgte, löste er damit zwar den Kalten Krieg aus (Kissinger 1994). Doch die USA konnten interessanterweise damit ganz gut leben. Selbst zur Zeit des Atomwaffenmonopols dachten sie nie wirklich daran, die UdSSR zurückzudrängen oder ihr gar das Schicksal der deutschen und japanischen „Verbrechernationen" zu bereiten.

Nach Kennans Konzeption waren die USA wie erwähnt jahrzehntelang nur bestrebt, die Sowjetunion einzudämmen. Für dieses beschränkte Ziel waren sie sogar bereit, hunderttausende eigene Soldaten in so ferne Weltecken wie Korea und Indochina in einen Schießkrieg zu entsenden. Warum eigentlich diese Bescheidenheit? Man könnte meinen, dass man den „großen Krieg mit den Russen" vermeiden wollte. Immerhin waren die Frontgegner in Korea „nur" Chinesen und in Indochina „nur" Vietnamesen. Die große Liebe zu dem alten Verbündeten kann es auch nicht gewesen sein, immerhin stand man sich in sehr vielen der laufenden Weltauseinandersetzungen gegenüber.

Der wahre Grund lag in gemeinsamen amerikanisch-sowjetischen Interessen, wie vielfach übersehen wird. Das Schlagwort lautet „Entkolonialisierung". Wollte Stalin die „Faschisten" und „Kapitalisten" aufeinander hetzen, um in dem dann entbrennenden „Zweiten großen imperialistischen Krieg" als lachender Dritter die Beute auf beiden Seiten einzustreifen, so hatte die Roosevelt-Administration ähnliche Ziele, nur um 180 Grad verkehrt: Ein deutsch-britischer/französischer Krieg bot die Chance, nicht nur den Revisionismus des antisemitischen Deutschland zu zerschlagen, sondern zugleich auch das „Britische Empire aufzuknacken wie eine Auster". Dies entgegen der eigenen neutralistischen Gesetzeslage inszenieren und beide Fliegen mit einem Streich erledigen zu können, bleibt das Meisterwerk F.D. Roosevelts (Kissinger 1994).

Zunächst wurden im Zweiten Weltkrieg während der „cash and carry"-Phase die britischen Devisen und Wirtschafspositionen aufgesaugt, um dann in der „lend and lease"-Phase britische Stützpunkte in den Kolonien zu übernehmen (wo sich die US-Streitkräfte trotz aller Entkolonialisierung heute immer noch befinden). Während Roosevelts Nachfolger Truman nach Kriegsende die Briten 1945 fast in den Staatsbankrott gehen ließ und sie erst in letzter Minute unter demütigenden Bedingungen mit neuerlichen Krediten rettete, wurde bei den Sowjets nie auch nur ansatzweise der Versuch unternommen, sie zur Rückzahlung ihrer weit höheren Kriegsschulden zu bewegen.

Was die Briten im Zweiten Weltkrieg nie richtig realisierten, dass nämlich die Amerikaner die Kolonialreiche für anachronistisch hielten, wurde nun bitterer Ernst. Nur so leicht gaben sich die Europäer noch nicht geschlagen. Die Briten kämpften in Malaya wie in Kenia, die Franzosen in Indochina und die Holländer in Indonesien um ihre verbliebene Weltgeltung. Doch gerade diese galt es aus amerikanischem wie sowjetischen Hegemonialstreben zu brechen. In der UNO wie im Buschkrieg erhielten die europäischen Verbündeten keine oder nur die unvermeidbare Hilfe der USA.

Als die Briten und Franzosen 1956 ihre traditionellen Interessen am Suez-Kanal wahren wollten und militärisch intervenierten, fielen ihnen die Amerikaner und Sowjets vereint in den Rücken. Im Spiel mit verteilten Rollen zwangen die USA und die UdSSR gemeinsam die Briten und Franzosen zum Rückzug. Nicht den zur selben Zeit in Ungarn intervenierenden Sowjets geboten die Amerikaner Einhalt, sondern ihren eigenen europäischen Verbündeten. Die Freiheit der Ungarn war den USA nur Lippenbekenntnisse wert, für die Zurückdrängung der Europäer machten sie konkret sogar mit den sonst in der McCarthy-Ära noch ideologisch heftigst bekämpften Sowjets gemeinsame Sache.

Damit war im Grunde für alle Welt die amerikanische Nachkriegsstrategie offen: „Europe first". An die Stelle der „formal Empires" der Europäer sollte das „informal Empire" der Amerikaner treten. Nun mussten die Europäer auch noch Afrika räumen, überall gefolgt von den Vertretern der amerikanischen Interessen. Allerdings schlichen sich damit auch immer öfter und mit wachsendem Erfolg die Sowjets mit ein und machten den USA Konkurrenz. Zudem sahen die Sowjets in der Abdankung der europäischen Kolonialmächte zugleich eine Schwächung der weltweiten Position der USA bzw. des Westens überhaupt. Folglich mussten die Amerikaner nun ihrerseits die Stellungen verteidigen, aus denen sie gerade noch die Europäer mit hinauszuwerfen geholfen haben.

Der Rückzug aus Übersee warf die Europäer auf sich selbst zurück und machte sie zu „Provinzlern" am Rande Eurasiens. Je schwächer sie machtpolitisch wurden, und je tiefer ihr Selbstbewußtsein sank, desto williger unterwarfen sie sich der nun allseits anerkannten westlichen „Führungsmacht". Die Westdeutschen verzichteten unter Adenauer schon vorher auf die Wiedervereinigung des geteilten Deutschland in Neutralität und zogen die „Westbindung" vor. Unter dem Atomschirm der vom demokratischen Sendungsbewusstsein getragenen USA ließ es sich behaglich einrichten, und die Europäer gewöhnten sich in einer Generation daran, weltpolitisch abgedankt zu haben. Zufrieden genossen sie den Schutz ihrer amerikanischen Verbündeten und beschränkten sich darauf, sich ihre wirtschaftspolitischen Kleinigkeiten in der EWG, EG und EU auszumachen. Widerstandslos stellten sie ihre Kontingente der von den USA beherrschter NATO zur Verfügung, welche den Lebensstandard in der „westlichen Wertegemeinschaft" gegen äußere Anfeindungen garantierte.

Indem das europäisch-amerikanische Verhältnis den Zustand des späten Hellenentums zu den Römern annahm, blieb es freilich an den Grenzen der „gesitteten Welt" zu den „Barbaren" nicht ruhig. Auch die Sowjets sicherten ihren in Jalta zugesprochenen Herrschaftsbereich, nicht nur 1953 in ihrer deutschen Besatzungszone und 1956 in Ungarn und Polen, sondern auch 1968 in der Tschechoslowakei. Doch damit nicht zufrieden, stießen sie immer tiefer ins entkolonialisierte Vakuum nach - und mit den Amerikanern zusammen. In Indochina brachen die USA nicht aus rein militärischen, sondern aus kriegspsychologischen Gründen sogar zusammen.

Während die USA in den 1970er Jahren auch nach außen hin immer schwächer wurden, ging in Europa das Wort von der „Finnlandisierung" um. In Portugal, einem NATO-Mitgliedsland, war 1975 ein kommunistischer Putsch erfolgreich und konnte nur mühsam und allmählich umgebogen werden. Im Iran wurde 1979 der prowestliche Schah vertrieben. Je mehr ihre eigenen „Bastionen stürzten", desto willfähriger zeigten sich sogar die „konservativen" oder „nationalen" Teile der europäischen Bevölkerung bereit, das amerikanische Kuratel anzuerkennen. Die Westeuropäer saßen in der Zwickmühle: Die von den USA ursprünglich hochgepäppelten Sowjets zwangen zu einer noch tieferen Unterwerfung unter die amerikanische Führung. Aus der „Lateinamerikanisierung" Europas schien kein Ausweg mehr zu führen.

Damit hatte sich die amerikanische Nachkriegsstrategie bewährt: Die Europäer waren willige Satrapen geworden, beherrscht von der Furcht vor den Sowjets. Ähnlich sah es auch mit den sonstigen antikommunistischen Gesellschaften anderswo auf der Welt aus: Das rote Schreckgespenst versammelte alle unter dem Sternenbanner und gewöhnte an die amerikanische „leadership". Ihre Offiziere und Führungseliten schickte die nichtkommunistische Welt zur Ausbildung in die USA, sodass sich ein dichtes Netzwerk kommunizierender Röhren und amerikanischer Seilschaften über die „freie Welt" ausbreitete. Von solchen Verbündeten konnte keine Gefahr mehr für das „informal Empire" drohen. Die Sowjets hatten damit ihre Schuldigkeit im Grunde getan und waren überflüssig geworden, zumal sie anfingen, ernsthaft lästig und gefährlich zu werden.

Die Zeit war reif dafür geworden, dass eine entschlossene US-Regierung versuchen konnte, die „pax americana" über den ganzen Globus zu verbreiten. Allerdings waren die Sowjets mörderisch stark und immer noch auf dem Vormarsch. Mit purer Gewalt allein ließ sich die Welthegemonie nicht erringen. Reagan zog rüstungsmäßig gleich oder war sogar auf der Überholspur. Zugleich bereitete er den Sowjets in Afghanistan nun ihr „Vietnam".

Das erwähnte Patt schien erreicht, die Sowjetunion für einige Zeit eingedämmt und ein Erschöpfungsfriede oder -waffenstillstand möglich. Der kommunistische Gegner zeigte sich durchaus nicht abgeneigt dazu. Doch ein höheres Ziel lockte: die Weltherrschaft. Es galt also, den Abwehrerfolg in einen entscheidenden Stoß zur endgültigen Niederwerfung des überflüssig gewordenen Rivalen zu verwandeln. Blieb nur die Frage, auf welchem Wege man den Sieg im Kalten Krieg erringen wollte.

Ein dritter Weltkrieg war viel zu bedrohlich. Die Gefahr der gegenseitigen Zerstörung durch die ABC-Waffen und der Verwüstung des Erdballs durfte nicht der Preis sein. Obendrein fehlten den USA der Festlandsdegen: Im Westen der Sowjetunion waren die kastrierten Europäer viel zu schlapp und ungeeignet, bekamen sie doch bei jeder Gelegenheit weiche Knie. Im Osten hofierte man seit Nixon die Rotchinesen; allein diese ließen sich zwar wirtschaftlich bitten, zeigten aber als Nationalisten wenig Lust, für die Amerikaner die Kastanien aus dem Feuer zu holen, als Kanonenfutter zu dienen und die Drecksarbeit zu machen.

Reagans Verteidigungsminister Weinberger deutete den Weg an, auf dem man versuchen durfte, das sowjetische Imperium aus den Angeln zu heben:

aufgrund seiner inneren Widersprüche (Jung, S. 73). Nur konnte man lange darauf warten, bis es „von selbst" an seinen inneren Widersprüchen zugrunde ging. Wann immer es den Sowjets noch nötig schien, den Kurs zu wechseln, wurde das Ruder herumgerissen: Beim Frieden von Brest-Litowsk, in der NÖP, beim Pakt mit den „Faschisten", beim Bund mit den „Kapitalisten" oder im Kalten Krieg in der „friedlichen Koexistenz". Diese Flexibilität nicht „dialektisch" zu begreifen, befähigte nach Lenins bekannter Qualifizierung Bucharins ausgesprochen nicht zur sowjetischen Führung. Es musste also ein besonderer innerer Widerspruch sein, den man auf Seiten Amerikas nutzen wollte.

11. Die Dialektik der Widersprüche

Selbstverständlich strotzt der ganze Marxismus vor inneren Widersprüchen. Es beginnt damit, dass sich der „Historische Materialismus" der junghegelianischen Umkehrung ausgerechnet der idealistischen Dialektik Hegels bediente, um zum „wissenschaftlichen Sozialismus" zu gelangen (Tucker 1963). Der nächste Widerspruch liegt in der „naturwissenschaftlich notwendigen" Geschichtsabfolge, die eigentlich der heftigen Agitation und Polemik des praktischen Kampfes und der „Bewusstmachung" des revolutionären Bewusstseins gar nicht bedürfte (Caspart 1987, S. 128-151). Dem deterministischen Automatismus der Verelendungstheorie widerspricht jeder gewerkschaftliche Lohn- und Arbeitskampf. Aus der deterministischen Grundannahme folgt keineswegs die „naturwissenschaftlich notwendige" Spaltung der „Arbeiterbewegung" in eine revisionistische und eine kommunistische Richtung.

Lenins lebenslanger Kampf gegen die Menschewiken und Sozialrevolutionäre zeugt von agitatorischer Auseinandersetzung, aber nicht von einem materialistischen Mechanismus. Überhaupt eine Partei von Berufsrevolutionären zu schaffen, ist Ausdruck von höchstem Voluntarismus, aber nicht einer deterministischen Geschichtsauffassung. In einem Land die Revolution herbeiführen zu wollen und dann auch durchzuführen, das nach marxistischer Auffassung die ökonomischen, produktiven und industriellen Voraussetzungen zu einer Revolution eingestandenermaßen noch gar nicht besaß, war „naturgesetzlich" schon gar nicht „notwendig".

Die Durchführung der Revolution bzw. die Machtergreifung im Putschistenstil war auch nicht gerade eine spontane Erhebung der Volksmassen. Im Juli 1917 scheiterte eine ähnliche Inszenierung. Was hatte sich an den materiellen Produktionsverhältnissen bis Oktober desselben Jahres so entscheidend verändert, dass dann die bolschewistische Machtübernahme „notwendigerweise" erfolgreich sein „musste"? Nichts kann widersprüchlicher sein als ein System, das sich auf eine deterministisch-materialistische Theorie beruft, aber eine hochvoluntaristische Praxis befolgt.

Die Widersprüche waren mit der Oktoberrevolution aber keinesfalls beendet, sondern gingen unvermindert weiter: Bar aller Determinismen wurde heftigst darum gerungen, den Frieden von Brest-Litowsk abzuschließen oder abzulehnen (Wolkogonow 1996, S. 194 ff). Im zeitweise verzweifelten Kampf des Bürgerkrieges gegen die „Weißen" und „Interventionisten" wurden mühsam alle Ressourcen zusammengekratzt, alle nur irgendwie verfügbaren Kräfte unter größten Anstrengungen mobilisiert und mit äußerster Energie durchgehalten.

Indem der Kriegskommunismus nicht mehr durchzuhalten war, wurde auch die relativ „liberale" NÖP umgeschaltet. Als in dem Land, in dem das „Proletariat" selbst in der Minderheit war, auch dieses nicht mehr mitmachen wollte, wurde das ganze Land mit Terror und dem Archipel GULAG überzogen (ebendort, S. 347 ff). Statt dass wie versprochen der Staat absterben sollte, feierte er in ungekannt bürokratischem Ausmaß fröhliche Urständ' (ebendort, S. 515 ff).

Auch mit der Konsolidierung der Sowjetherrschaft blieb der häufige Wechsel der Parteilinie auf der Tagesordnung, ohne dass dafür „naturwissenschaftlich notwendige" Gründe auszumachen wären, und um die heftig gerungen wurde: Das Abgehen von der NÖP, die Kollektivierung der Landwirtschaft, die „Entkulakisierung" und die Industrialisierung samt dem Stachanow-System seien nur beispielhaft erwähnt (Wolkogonow 1989, S. 241 ff). Der Machtkampf Trotzki-Stalin wurde genauso wenig naturgesetzlich entschieden wie der Aufbau des Sozialismus in einem Lande statt der Forttreibung der subversiven Weltrevolution. Keine „naturgesetzliche Notwendigkeit" sprach für die blutige Abrechnung mit den Links- und Rechtsabweichlern, für die Foltergeständnisse von Bucharin, Kamenew, Sinowjew und Co., für die öffentlichen Schauprozesse oder die massenmörderischen Säuberungen unter der Regie von Jagoda, Jeschow, Berija, Wyschinski und Kaganowitsch (ebendort, S. 375 ff).

Wenn schon, dann war der Pakt Stalins mit Hitler „politisch" notwendig, aber bestimmt nicht „naturwissenschaftlich". Hätte es einen deterministischen Zwang dazu gegeben, wären damals nicht alle Linkskreise der Welt zutiefst verunsichert gewesen. Worin bestand in weiterer Folge der unwiderstehliche „materielle" Zwang für die „stets friedliebende" Sowjetunion, Ostpolen, das Baltikum und die Nordbukowina besetzen oder Finnland angreifen zu „müssen"? Es war politisches Kalkül Deutschlands und der Sowjetunion, parallel an den jeweiligen Grenzen offensiv aufzumarschieren, aber keine Frage der Naturwissenschaft. Wer aber als guter Marxist-Leninist den Gang der Geschichte zu kennen meint, darf sich wohl kaum von der Offensive seines nationalsozialistischen Gegenübers düpieren und ihn wenige Tage im Angriff zuvorkommen lassen (Suworow 1989).

Kein „sozioökonomischer Mechanismus zwang" den Sowjetführer, 1943 nach der Schlacht von Stalingrad und vor der Schlacht von Kursk und Orel ernsthaft mit dem Gedanken eines Sonderfriedens zu spielen, seine angloamerikanischen Verbündeten unter Druck zu setzen und sogar seine Botschafter in London und Washington kurzfristig abzuberufen (Fleischhauer 1986), sondern politischer Wille und Taktik ließ es ihm opportun erscheinen. Sowjetischer Expansionswille, aber keine wie immer geartete „naturwissenschaftliche Notwendigkeit" veranlasste die UdSSR im August 1945, den aufrechten Nichtangriffsvertrag mit Japan zu brechen, auf amerikanische Einladung dem zusammenbrechenden Kaiserreich in den Rücken zu fallen und die Mandschurei zu besetzen.

Auch für die Zeit nach dem Zweiten Weltkrieg konnte noch kein hochberühmter sowjetischer Wissenschafter jene urtümliche Naturgesetzlichkeit entdecken, die Stalin „zwang", in Osteuropa demokratische Regierungen zu unterwandern und auszubooten, um Sowjetrepubliken zu installieren. Den Abfall Titos von und die Verurteilung des Titoismus durch Stalin auf zwingende Naturgewalten zurückzuführen, blieb der staunenden Menschheit die marxistische „Wissenschaft" zu explizieren schuldig. Die Polemiken rund um dieses Ereignis sprachen nämlich eine andere Sprache, die des politischen Kampfes. Die zwangsläufige geschichtliche Notwendigkeit der Stalin-Noten an Deutschland und ihre dann wohl nicht minder determinierte Ablehnung durch Adenauer konnte auch der beste „wissenschaftliche Sozialismus" noch nicht stringent aus urtümlichen Naturgewalten ableiten.

Aufgrund welcher selbsttätiger sozio-ökonomischer Prozesse Chruschtschow nach Stalins Tod die „Entstalinisierung" einzuleiten gezwungen war, ohne dessen System im Kern zu ändern, wäre wirklich interessant, mechanistisch erläutert zu bekommen. In den Berlin-Krisen mit der Atombombe zu drohen, dürfte wohl auch kaum Resultat sozio-ökonomischer Zwangsläufigkeiten gewesen sein. Die Verselbständigung des maoistischen China hat mehr mit dem dortigen Nationalismus als mit „Histomat" zu tun und brachte Rotchina wie der UdSSR sogar wirtschaftliche Nachteile. Dass materialistische Produktionsfaktoren den armen Nikita Chruschtschow vielleicht noch gegen seinen Willen nötigten, auf Kuba Raketen zu installieren und an den Rand eines dritten Weltkrieges zu geraten, haben auch die späteren Verurteiler von Chruschtschows

„Subjektivismus" nie auf sozio-ökonomische Zwangsläufigkeiten zurückgeführt.

Wenn die Geschichte tatsächlich auf naturgesetzlich notwendigen Bahnen ablaufen sollte, dann wären auch die Rückschläge deterministisch festgelegt, welche die Leninisten erleiden. Da aber die Partei Lenins dank ihrer marxistischen Theorie den Geschichtsablauf kennt und immer recht hat, müsste sie auf Rückschläge vorbereitet sein und ihre Ursachen kennen, sodass sie eigentlich keine solche erleiden dürfte. Was aber, wenn tatsächlich Niederlagen eintreten? Irrte dann die unfehlbare Geschichte, der „wissenschaftliche" Sozialismus, die Partei, verirrte Parteiführer oder wer sonst?

Dürfte es nicht eher der voluntaristische Ehrgeiz, als mechanistische Produktionsverhältnisse gewesen sein, die Breschnew, Podgornyi und Kossygin ausgerechnet 1964 veranlassten, Chruschtschow zu stürzen? Welche Clique wen hochbrachte oder wen verhinderte, was den Angriff einer anderen Clique abschlug oder wodurch sie erlag, und wie die eine Karriere befördert oder eine andere gebremst und eine dritte beendet wurde, ist nicht das Ergebnis des Kräfteparallelogramms ökonomischer Mechanismen und deterministischer Urkräfte, sondern von - Politik. Dies nicht begriffen zu haben, disqualifiziert nicht nur im Kreml für jede Führungsaufgabe. Wer diesen urvoluntativen Ansatz nicht realisiert, kommt von Haus aus politisch nicht weit.

Niemand und nichts „zwang" Breschnew, Karriere zu machen, es sei denn sein Ehrgeiz. Wollte man diesen aber materialistisch auffassen, so wohl nur im Sinne eines Vulgärmaterialismus und nicht eines philosophischen Systems. Die laufenden Machtkämpfe in einer Regierung und die Intrigen auch im Kreml, im Politbüro wie im ZK erfolgreich zu bestehen, bedürfen der Beherrschung der Staatskunst, aber nicht der marxistischen Formaltheorie und „Scholastik". Den Prager Frühling zu beenden oder in Afghanistan die Regierung zu stürzen und einzumarschieren, wird aufgrund politischen Willens und nicht deterministischer Mantik beschlossen.

Nach Breschnew Tod war das Politbüro keinesfalls sozio-ökonomisch gezwungen, Andropow zum Nachfolger zu wählen. Schon gar nicht wurde es nach dem Tod Andropows durch die Produktionsverhältnisse genötigt, den noch greiseren Tschernenko mit der Nachfolge betrauen zu „müssen". Die Ökonomie hätte es vielmehr verlangt, schon jetzt einen jungen Dynamiker zu küren, wenn die Wirtschaft wirklich das Ausschlaggebende gewesen wäre. Schließlich war es genauso politisches Kalkül, wenn auch unter anderem ein wirtschaftspolitisches, dass schon bald darauf der energische und junge Gorbatschow das Erbe Tschernenkos anzutreten hatte. Doch auch dabei kann nicht ernsthaft von einem Determinismus gesprochen werden.

In diese grundlegenden Widersprüche wuchs jeder führende Sowjet hinein und musste mit ihnen leben. Die Dialektik dieser besonders tiefen Antagonismen prägt natürlich im Zuge des Durchlaufens der Karriereleiter den Charakter: Sei theoretisch Materialist, praktisch aber voluntaristischer Dialektiker! Die Schizotymie war vorgeprägt, ja Erfordernis fürs Amt. Für die praktische Politik war doch schon seit Lenins Tagen die Dialektik, aber nicht die „scholastische Theorie" maßgeblich. Dennoch blieb das gedankliche Grundgerüst der theoretische Histomat. Daraus gerade in Krisenzeiten einen Ausweg zu finden, bedurfte enormer Qualitäten und einer besonderen psychischen Struktur. Je mehr ein oberster Sowjetführer unter diesem Spaltungserleben litt, desto eher bestand die Chance, in seiner Psyche einen Ansatz finden, von hier aus das feindliche System zu sprengen.

Natürlich lebte auch der Westen in seinen Widersprüchen. In den beherrschenden USA sind dies nicht zuletzt der Unterschied zwischen den schönen Phrasen und der harten Wirklichkeit der Machtpolitik, wie er auch in diesem Buch noch deutlich zum Ausdruck kommen wird. Die „Dialektik" des Westens war aber keine so grundlegende und staatstragende, wie die im Osten. Kein GULAG sorgte für die Erhaltung einer „scholastisch" reinen Lehre. Die größeren „Freiheitsgrade" und kreativeren Optionen lagen beim Westen. Er war es auch, der naturwissenschaftlich die modernen Bahnen beschritt, auf denen Physik und Metaphysik keine unversöhnlichen Gegner mehr sind (Caspart 1991, S. 11-88). Der „wissenschaftliche Sozialismus" beharrte aber immer noch auf der überkommenen deterministischen Ideologie des 19. Jahrhunderts. Der Westen hatte ein vergleichsweise offenes und damit vielfach auch irritierbares System, der Osten ein ausweglos geschlossenes und rigides.

Dies machte freilich den Ausgang des Ringens noch keineswegs zu einer ausgemachten Sache. Vor allem militärisch war der Osten stark und hielt zunächst seine Schäfchen noch in guter Disziplin. Die USA hingegen hatten ihr Defizit-Problem, ungelöste soziale und Rassenspannungen im Inneren, ihre hohe Kriminalität oder die Drogenproblematik. Nach außen schienen die US-Positionen überdehnt und ihre Verbündeten nicht so leicht zu kommandieren wie die kommunistischen Satellitenstaaten.

Die Geschichte ist immer offen und war es auch in den 1980er Jahren. Jede sich bietende Chance und Gelegenheit musste also genutzt werden. Einige Leute im Westen hatte die Möglichkeit erkannt, für ihre Zwecke die dialektische Struktur der gegnerischen Psyche auszunützen. Ein reformwilliger Führer der Gegenseite, der aber von seinen Bewusstseinsstrukturen, seiner Erziehung, seinem eigenen Denken, wie seiner Laufbahn nicht aus den Rahmen des bisher gekannten und verinnerlichten Systems hinaus konnte, versprach, erfolgreich instrumentalisiert und manipuliert werden zu können.

12. Die verfehlte Synthese

Der Ausgangspunkt stand fest: Gorbatschow war sich darüber im klaren, dass nur eine echte Abrüstung seinem Bestreben zugute kam, den Verteidigungshaushalt zu kürzen, um die sowjetische Ökonomie nicht zu überfordern. Auch unter Gorbatschow war Rüstungskontrollpolitik nur die Fortsetzung der Politik mit anderen Mitteln geblieben (Weiß, S. 304). Zugleich wurde er von seinen Generälen gedrängt, alles Erdenkliche zu tun, um das SDI-Programm zu verhindern, denn die Überlegenheit der US-Technologie bereitete den Militärs große Sorgen (B&T, S. 151). Aus sowjetischer Sicht war es also wieder einmal an der Zeit, auf „friedliche Koexistenz" umzuschalten, um Kräfte zu sammeln. Für die Amerikaner verging das Jahr 1987 mit der Bewältigung der Iran-Contra-Affäre, 1988 konsolidierte sich die Administration Reagan, und im November dieses Jahres wurde sein Vizepräsident zum Nachfolger gewählt.

Nach Voslensky (1989, S. 423) verfolgte die gesellschaftspolitisch angelegte „Glasnost", die nicht wie die Perestroika ökonomisch ausgerichtet war, zwei Ziele: Erstens wollte Gorbatschow damit seine Macht im Politbüro, im ZK und im Parteiapparat festigen und sich eine Handhabe schaffen, um Widersacher und Rivalen in Schach halten und ausbooten zu können. Wie Chruschtschow den „Personenkult" Stalins und Breschnew den „Subjektivismus" Chruschtschows anprangerten, um sich selbst Spielraum zu verschaffen, so diente nun die Glasnost Gorbatschow dazu, die Nutznießer und Anhänger der breschnewschen „Stagnation" aus dem Feld zu schlagen. Zweitens beabsichtigte er zugleich mit der Glasnost, die Unterstützung und Sympathien der Intellektuellen zu gewinnen, um die nötige Schaffenskraft der sowjetischen Intelligenzija zu mobilisieren. Ohne ihren Enthusiasmus war der Sprung aus der relativen Unterentwickeltheit der sowjetischen Strukturen in Wissenschaft und Technik nicht zu bewerkstelligen. Rein machtpolitisch erfüllte die Glasnost binnen kurzem ihren Zweck - energisch und mit atemberaubender Geschwindigkeit entledigte sich Gorbatschow seine Widersacher aus der Breschnew-Zeit; bloß allgemein soziologisch ging sie für ihn nach hinten los.

Auch nach offiziös sowjetischer Ansicht stellte die Glasnost ein Instrument zur gesellschaftlichen Kontrolle dar, speziell zur Kontrolle der Bürokratie (Frenklin 1987, S. 27-47): Die Umgestaltung (=Perestroika) wollte in den beabsichtigten Reformen Gorbatschows alle Lebensaspekte umfassen. Die

Offenheit (=Glasnost) wäre hingegen bloß ihr Instrument und kein Selbstzweck.

Verfolgt man die innenpolitischen Reden Gorbatschows zu seiner besten Zeit, so ging es ihm eindeutig um die Wirtschaftsreform. Die Glasnost sollte den dazu erforderlichen Wandel in den Köpfen bringen, wie zum Beispiel seine Rede „Das geistige Potential der Perestroika erweitern" beim Treffen im ZK der KPdSU mit Wissenschaftlern und Kulturschaffenden am 6. Januar 1989 belegt (Gorbatschow 1989 a). Da zwar eher noch seine Bücher, aber kaum mehr seine innenpolitischen Reden im Westen bekannt sind, sei als gutes Exempel seines Denkens aus einigen von ihnen zitiert.

Mit welchen inneren Widerständen Gorbatschow zu rechnen hatte, deutete er selbst an (ebendort, S. 26 f): „Der stürmische Prozeß, in dessen Verlauf die Abkehr von den erstarrten Dogmen und Schemata der gesellschaftlichen Entwicklung, die Umgestaltung der stagnierenden Formen der gesellschaftlichen Beziehungen, die Freisetzung der gewaltigen potentiellen Kräfte des Volkes über die Glasnost und Demokratie erfolgen, hat manch einen aus dem Gleichgewicht, in Verwirrung gebracht. Es werden Stimmen laut über den Verfall geistiger und moralischer Werte, obwohl es, wie mir scheint, gerade um deren Wiederherstellung geht. Manchmal kann man sogar die Behauptungen hören, daß wir nahezu von den sozialistischen Prinzipien und Idealen abgehen. Uns gegenüber werden Andeutungen gemacht, daß die wirtschaftliche Rechnungsführung, der Pacht- und der Leistungsvertrag, das Genossenschaftswesen beinahe ein Aufgeben der Positionen des Sozialismus in der Wirtschaft seien, obwohl wir gerade über diese und andere Formen das *immense* Potential, das dem sozialistischen Eigentum, den sozialistischen Produktionsverhältnissen innewohnt, ausnutzen, die Entfremdung überwinden und dem Menschen wieder die Stellung als Herrn der Produktion zurückgeben wollen."

Wohin Gorbatschow im Land herumkam, suchte er seine Reformen zu erklären und für sie zu werben. So auch auf einer „Wahlkampagne" in Kiew am 23. Februar 1989 (Gorbatschow 1989 b). Darin beginnt er „klassisch" kommunistisch (ebendort, S. 5): „Wir haben bereits einen Aktionsplan. Er ist schon klar genug umrissen. Es handelt sich dabei um radikale Wirtschaftsreform, Wiedergeburt der Macht der Sowjets, Umgestaltung der Partei und Entfaltung ihres Potentials als politischer Vorhut der Gesellschaft", um dann „liberal" zu werden: „Herausbildung eines Rechtsstaates. Allgemein gesagt, geht es um die Erneuerung unserer sozialistischen Gesellschaft durch ihre allseitige Demokratisierung, um die Hinwendung zum Menschen."

Enorm selbstkritisch ging Gorbatschow an einen wesentlichen Kern der ökonomischen Sache heran (ebendort, S. 14 f): „Man muß, Genossen, überhaupt sagen, daß die radikale Wirtschaftsreform heute alle Bereiche unserer Wirtschaft umfaßt. Auf dem Wege ihrer Realisierung gehen wir an die Hauptprobleme heran - es handelt sich um die Umgestaltung der sozialistischen Eigentumsverhältnisse selbst. Die Erfahrungen zeigen, daß anders die neuen Methoden der Wirtschaftsführung wie auch die Errungenschaften des wissenschaftlich-technischen Fortschritts als fremde Elemente abgetrennt werden.

Erst vor kurzem wurden Fragen des Eigentums als etwas Fernes betrachtet, das keine praktische Bedeutung hat. Sie wurden hauptsächlich von Wissenschaftlern - Politökonomen und Juristen - erörtert. Nun stellte sich heraus, daß dies die brennendsten Probleme sind, die die Menschen empfindlich treffen. Denn die Selbstverwaltung, die Rechte der Arbeitskollektive, das Genossenschaftswesen, der Pachtvertrag, der Leistungsvertrag, die Aktien - all das sind gerade die Eigentumsverhältnisse."

Doch was schlug er vor (ebendort, S. 15)? „Wir haben fest beschlossen, den Weg ihrer tiefgreifenden Vervollkommnung zu gehen. Erforderlich sind eine konsequente Demokratisierung des Eigentums, seine Annäherung an die Interessen des Menschen, des Arbeitskollektivs. Es soll nicht nur dem Volk gehören, sondern auch von ihm geleitet werden - darin besteht das Wesen der Umgestaltung der sozialistischen Eigentumsverhältnisse." Damit empfahl Gorbatschow im Grunde eine Verschärfung des Sozialismus, um die ökonomischen Fehler des Sozialismus zu überwinden.

Den Republiken und Nationen wurde Autonomie versprochen, aber diese Intention zugleich wieder zurückgenommen (ebendort, S. 19 f, Hervorhebungen durch den Autor): „Nehmen wir eine so aktuelle Frage wie die Beziehungen zwischen dem Zentrum der Russischen Föderation und den Unionsrepubliken. Die Reform des politischen Systems soll die immer vollständigere und realere Volksmacht an der Basis sowie die entscheidende Rolle der Werktätigen aller Nationen und Völkerschaften bei der Leitung der Staatsangelegenheiten gewährleisten. Bedeutend erweitert werden Befugnisse der Wahlorgane in den Republiken bei der souveränen Lösung der wichtigsten Fragen des staatlichen und des gesellschaftlichen

Lebens *unter Einhaltung der verfassungsmäßigen Pflichten aller Unionsrepubliken gegenüber der Union.*

Die radikale Wirtschaftsreform bietet ihrerseits Möglichkeiten für die Umgestaltung der Leitung des ökonomischen und des sozialen Bereichs in den Unionsrepubliken aufgrund der Selbstverwaltung und Eigenfinanzierung. Das Wichtigste dabei ist, alle Betriebe und Vereinigungen unabhängig von ihrer ressortmäßigen Unterstellung auf die volle wirtschaftliche Rechnungsführung, Eigenfinanzierung und Rentabilität umzustellen und deren ökonomisch begründete Beziehungen zu Republiks- und lokalen Hausaushalten herbeizuführen. Der Republikshaushalt muß über eigene, auf langfristigen Normativen basierende Einnahmequellen verfügen.

Die Logik eines solchen Herangehens besteht darin, daß den Republiken mehr Rechte eingeräumt und gleichzeitig *ihre Verantwortung* für eine bessere Gewährleistung materieller und geistiger Bedürfnisse der Bevölkerung durch die Steigerung der Arbeitsqualität, komplexe Entwicklung der Wirtschaft und rationelle Nutzung der Naturschätze *erhöht* werden sollen."

Zugleich sollte am Primat der Partei nicht gerüttelt werden (ebendort, S. 23 f): „Die 20 Millionen Mitglieder zählende KPdSU ist heute die gesellschaftliche Vorhutkraft, die in der Lage ist, den Übergang zum erneuerten, demokratischen Modell des Sozialismus ohne gefährliche Kataklysmen, mit minimalen Unkosten für die Gesellschaft zu sichern. Sie ist ihrem Wesen nach eine Partei der Arbeiterklasse, vertritt als regierende Partei die Interessen des ganzen Volkes und erfüllt die Funktion der Vereinigung, der Integration aller politischen Kräfte, die immer, besonders aber in solchen revolutionären Perioden der Entwicklung, wichtig ist." Woran Gorbatschow als Theoretiker scheitern sollte, lag in der Tatsache, dass er – um in der marxistischen Terminologie zu bleiben – zwar die These „Liberalismus" der extremen Antithese „Sozialismus" gegenüberstellen konnte, aber die Synthese nicht fand.

„Die Rolle der Partei als politische Avantgarde der Gesellschaft sehen wir gerade darin, die komplizierte Arbeit zur Vereinbarung verschiedener Interessen zu koordinieren, mit anderen gesellschaftlichen Organisationen die Erstrangigkeit der Befriedigung der einen oder anderen Bedürfnisse festzulegen- entsprechend ihrer Bedeutung für die gesamte Gesellschaft und den Prinzipien der sozialen Gerechtigkeit. Unter diesen Bedingungen verändern sich die Vorstellungen von der Partei als politische Avantgarde wesentlich. Sie bleibt die regierende Partei, verzichtet aber auf das Diktat und Befehlsgebaren, sieht ihre Rolle vor allem in der politischen Leitung der Gesellschaft." Wie dieses Paradoxon funktionieren sollte, ließ der KP-Chef offen. Paradoxa und „Koane" mögen sich gut zum Verdeutlichen transzendentaler Probleme eignen, aber nicht als reale Richtschnur für wirtschaftspolitische Reformen.

Die pseudointellektuelle Rhetorik unvereinbarer Paradoxa kann man immer wieder finden (ebendort, S. 23): „Genossen! Die Perestroika hat die ideologische und politische Führungsrolle der Partei bekräftigt. Wir entwickelten auf dem XXVII. Parteitag und auf der XIX. Parteikonferenz das Programm der gesellschaftlichen Umgestaltungen und zeichneten die grundsätzliche Umgestaltung der Tätigkeit der Partei selbst als erstrangige Aufgabe vor." Soweit, so gut kommunistisch, dann aber: „Die KPdSU verzichtete auf die Leitungsfunktionen und andere ihr nicht immanente Funktionen und nahm Kurs auf die Machtvollkommenheit der Sowjets, auf politische Partnerschaft mit gesellschaftlichen Organisationen. Unter der Führung der Partei entfalteten sich weitgehend die Prozesse der Demokratisierung, aktiv wird das administrative Befehlssystem demontiert und der sozialistische Rechtsstaat herausgebildet." Eine so wirre Argumentation konnte auch den Gegnern der Sowjetunion unmöglich entgehen - und sie nahmen sie mit Genuss zur Kenntnis.

13. Das Berauschen am Geschwätz

Unbeschränkt Zeit stand weder Gorbatschow noch den USA zur Verfügung. Noch 1987 konnte man melden, dass Gorbatschow sich als Person in der Sowjetunion großer Beliebtheit erfreute, wenn auch seine innenpolitischen Absichten der Bevölkerung offensichtlich noch nicht klar genug vermittelt wurden. Die „Perestroika" erforderte offensichtlich als psychologisches Problem längere Zeiten des Umdenkens, andererseits brachte die wirtschaftliche Lage einen gewissen Zeitdruck mit sich (Grotzky 1987, S. 66-674). Nun verschärfte sich der Gegensatz zwischen Erwartungen und der Wirklichkeit: Der amerikanische Botschafter in Moskau, Jack Matlock, war über Gorbatschows Erfolgs- und Überlebenschancen als Staatschef pessimistisch. Dessen Bemühungen, sein Land zu reformieren, würden die bereits beträchtlichen Einschränkungen im Leben der Sowjetuntertanen noch weiter verschärfen. Anfangs Januar 1989 beschloss das Politbüro eine Reihe von Sparmaßnahmen, welche staatliche Investitionen zurückschraubten und den Lohn vieler Arbeiter von ihrer Leistung abhängig machen sollten. Die Perestroika würde eine Preisreform notwendig machen, während Glasnost und Demokratisierung die höhere Preise bezahlenden oder arbeitslosen Bürger rebellisch machten (B&T, S. 45-46).

Da half es auch wenig, wenn Gorbatschow die bislang brav parteihörigen sowjetischen Journalisten auf seine bizarre Dialektik einschwor (Gorbatschow 1989 c). Der Mann machte Ernst. Zum Ruin der Sowjetunion und zum Triumph des Westens suchte er seine Neuinterpretation des Sozialismus tatsächlich umzusetzen und nicht nur mit ihr zur moralischen Aufweichung des Westens zu spielen, wie Kohl anfangs meinte. Auch ein Land mit geringeren wirtschaftlichen Problemen hätte eine solche „coincidentia oppositorum" (Zusammenfall der Gegensätze) kaum ausgehalten. Besonders verheerend musste sich die Umgestaltung in einem zentralistisch-diktatorischem System auswirken, bei dem tatsächlich die Entscheidungen der Spitze mehr oder weniger auf alle Glieder durchschlagen.

Wie unausgegoren die Programme waren, lässt sich auch aus dem Zitat Gorbatschows hinsichtlich der maroden Landwirtschaft nachvollziehen (Gorbatschow 1989 c, S. 16 f): „Ihr Schicksal muß im Interesse sowohl der Gesellschaft als auch der Arbeitskollektive entschieden werden. Das kann sowohl durch die Übergabe des Bodens und der Produktionsfonds an stärkere Wirtschaften als auch auf der Grundlage der Integration von Industrie und Dorf und auf der Grundlage der Übergabe des Bodens und der Fonds an Pachtkollektive erfolgen." Die hier wie in der Industrie durch den Sozialismus entstandenen Probleme dachte er nach wie vor kollektivistisch und nicht im Geringsten durch Privateigentum oder Privatinitiative zu lösen. Die Wahl der Volksdeputierten, die KP-Mitglieder sein mussten, bestätigten (ebendort, S. 21), „welche gewaltigen Möglichkeiten für Meinungsäußerung, für die Äußerung der Interessen und Standpunkte die sozialistische Demokratie, unser System der Volksmacht bergen".

Gorbatschow wollte die vielfach kompromittierte KPdSU selbst zum Motor der Umgestaltung machen (ebendort, S. 29): „Die Partei entzieht sich nicht der Verantwortung für die in der Vergangenheit zugelassenen Deformationen des Sozialismus. Sie erkannte das an und ergriff die Initiative zur Erarbeitung der Politik der Perestroika, zeigte Mut und wird diesem Kurs bis zum Ende treu bleiben, um den Erneuerungsprozeß voranzubringen. Ohne ihn können wir nicht leben, diese Linie werden wir befolgen. Die Partei selbst geht dadurch, daß sie diese Arbeit leistet, allen mit einem Beispiel der kritischen Einstellung zur eigenen Tätigkeit voran." Wer im Sowjetsystem groß wurde, musste ernsthaft zweifeln, ob sie mit ihren verzweigten Gliederungen dazu wirklich willens und in der Lage war, selbst wenn der KP-Chef es wollte.

Obwohl es Gorbatschow dank der Perestroika in atemberaubender Geschwindigkeit gelang, seine innerparteilichen Widersacher auszuschalten und nach seinen eigenen Worten (ebendort, S. 28) „in drei Jahren ungefähr zwei Drittel der Leiter von Betrieben, Baustellen, Kolchosen und Sowchosen, Staats- und Parteiorganen abgelöst wurden", traten die praktischen Reformen innenpolitisch nicht nur auf der Stelle, sondern vermehrten die Schwierigkeiten. Nicht nur die sowjetischen „Massen", sondern auch die „Intelligenzija" hatte die größten Probleme zu verstehen, warum es Gorbatschow eigentlich ging. Hatten doch die Komsomolzen und Studenten bislang brav gelernt, was die Überväter Marx, Engels und Lenin sagten. Und nun eine von oben initiierte „Reform", ja „Revolution", die sich dazu pikanterweise immer wieder auch noch auf Marx und Lenin berief? Wenn sich Gorbatschow beispielsweise in einer großen Rede am 15. November 1989 auf dem Landesforum an die sowjetischen Studenten wandte, und diese an Spitzenkader des Parteinachwuchses gehaltene Ansprache ließ (bei Gorbatschow 1989 d), versteht man die Ratlosigkeit seiner Zuhörer.

Gorbatschow nahm sehr wohl in Anspruch, dass die Perestroika eine „Revolution" darstellte (ebendort, S. 4): „Die Perestrojka hat bereits eine fast fünfjährige Geschichte. Der vom April-Plenum 1985 und seinen Beschlüssen eingeleitete Prozeß der revolutionären Umgestaltung der Gesellschaft ist im Gange, nimmt dabei immer neue Formen, immer größere Dimensionen und einen tiefgreifenden Charakter an, dringt in alle Lebensbereiche der Gesellschaft ein und berührt im Grunde genommen die Interessen aller ihrer Schichten." Wie in der „guten alten Zeit" berief er sich dabei auf die „Gesetzmäßigkeiten" des „Wissenschaftlichen Sozialismus":

„Für uns ist hier das Verständnis grundlegender Gedanken der Begründer unserer Lehre wichtig. Karl Marx nahm die sozialistische Idee auf, wies jedoch ihre utopische Form zurück und prognostizierte mit Hilfe der Wissenschaft den Sozialismus als gesetzmäßiges Produkt der Entwicklung der Zivilisation, des historischen Schaffens der Arbeiterklasse, aller Werktätigen." Um diese Revolution innerhalb der Revolution zu erklären, berief sich der Leninist aber nicht auf Trotzki, sondern auf Marx selbst (ebendort, S. 5): „Zugleich trennte Marx den Sozialismus sehr exakt vom groben gleichmacherischen 'Kasernenkommunismus', wie er ihn nannte, verband die Entstehung einer neuen Gesellschaft mit der höchsten Entwicklung der materiellen Produktion, der Demokratie und Persönlichkeit. Diese marxistische Auslegung der sozialistischen Idee ist für uns in sozialer und geistiger Hinsicht außerordentlich wertvoll." War er also im Grunde seines Herzens ein revisionistischer Sozialdemokrat?

Mitnichten. Vielmehr stellte Gorbatschow unmissverständlich klar (ebendort, S. 15): „Unsere Partei war und bleibt die Partei Lenins. Dies möchte ich besonders hervorheben, weil sich in der jüngsten Zeit Angriffe auf Lenin als Theoretiker und Politiker häufen. Der Leninschen Lehre die Treue zu halten, bedeutet, ihren kreativen Geist zu entwickeln, durch neue Schlußfolgerungen und Thesen zu bereichern, ein für allemal auf das Kanonisieren von Formulierungen zu verzichten, die sich aus der konkreten Lage ergaben und voll und ganz ihrer Zeit gehörten. Deshalb ist das Schwelgen in Zitaten als Argumentationsverfahren bei der Verteidigung dieser oder jener Positionen durch den einen oder anderen Redner absolut untragbar." Vielmehr verstand er sich als quasirevisionistischer Neuinterpret Lenins (ebendort): „Eine der wichtigsten Lehren, die uns die Klassiker des Marxismus erteilten, ist außerdem die Fähigkeit zu ideologischer Selbsterneuerung auf Grundlage der gesamten Erfahrungen, denn die geringste Regung des theoretischen Denkens und das Umformen dieser theoretischen Schlußfolgerungen in Politik wurde von Teilen unserer Gesellschaft sogleich als Revision des Leninismus und des Marxismus aufgefaßt. Kurz und gut, wir sind für einen lebendigen Lenin und nicht für einen Lenin im Lesebuch-Glanz. Lenin konnte nicht Antwort auf alle Fragen der folgenden gesellschaftlichen Entwicklung geben, diese Antworten müssen wir selbst suchen, indem wir uns vom Geist des Leninismus, von der Leninschen Denkweise, von der Methode der dialektischen Erkenntnis leiten lassen."

Bekräftigt wird der Leninismus auch in der Berufung auf den „Großen Oktober" (ebendort): „Wir nehmen jedoch aus der Vergangenheit all das wertvolle Gut mit, das unser revolutionäres Erbe aufweist. Alles Heldenmütige und Bedeutungsvolle. In erster Linie die Ideale des Großen Oktober, auf dessen Banner die vom Volk unter Qualen hervorgebrachten Forderungen standen: 'Alle Macht den Sowjets!', 'Werke und Fabriken den Arbeitern!', 'Grund und Boden den Bauern!', 'Friede den Völkern!', 'Jeder Nation freie Entwicklung!' "

Oder noch härter (ebendort, S. 6): „Wir sagen uns nicht von unserer Geschichte los, wir sind bestrebt, sie aufgrund einer wissenschaftlichen Analyse, der Wiederherstellung der ganzen Wahrheit, nicht aber aufgrund der Ablösung einer Halbwahrheit oder Unwahrheit durch eine andere zu verstehen. Unsere Aufgabe besteht darin, alle Schwierigkeiten und Widersprüche der auf den Oktober folgenden Prozesse, der großen Errungenschaften, Deformationen, tragischen Fehler und Mißerfolge zu ergründen. Je mehr wir uns heute in das Wesen unserer eigenen Geschichte vertiefen, wird noch deutlicher, daß die Oktoberrevolution kein Fehler war, da ihre reale Alternative durchaus nicht eine bürgerlich-demokratische Republik war, wie man uns heute versichern will, sondern ein anarchischer Aufruhr und eine blutige Diktatur des Militärklüngels, ein reaktionäres, volksfeindliches Regime."

So fuhr Gorbatschow wie ein traditioneller Sowjetführer fort und bekräftigte die üblichen Bekenntnisse (ebendort, S. 6 f): „Die Oktoberrevolution war kein Zufall, sondern ein großer welthistorischer Durchbruch in die Zukunft, die Forderung nach Lösung gesellschaftlicher Probleme im Interesse des Volkes, nach Schaffung sozialer Bedingungen für den höchsten materiellen und geistigen Fortschritt, nach Einbeziehung der Werktätigen in den Prozeß eines bewußten sozialen Schaffens." Wen wundert es, dass Kohl früher Gorbatschow für einen „zweiten Goebbels" hielt! Gorbatschow erwies sich als wahrer Leninist (ebendort, S. 8): „Lenin gibt auch eine deutliche Antwort auf die Frage. ob es notwendig war, die Macht im Oktober zu übernehmen. Daran muß man sich erinnern, weil diese Frage auch jetzt im Mittelpunkt der Diskussion steht. Oder ob man auf sie, auf die Macht, nach dem Bürgerkrieg verzichten sollte, weil sich nämlich keine proletarischen Revolutionen in anderen Ländern, wie man das erwartet hatte, vollzogen. Lenin begründete entschieden die Notwendigkeit der Nutzung der Macht des Proletariats zur baldmöglichsten Herbeiführung der wirtschaftlichen und kulturellen Voraussetzungen für den Übergang zum Sozialismus. Anders gesagt. unter der Sowjetmacht das zu tun, was der Kapitalismus und die bürgerliche Demokratie hätten tun sollen."

Gorbatschows Neurezeption Lenins hatte einen anderen Ansatz (ebendort, S. 7): „Bereits in den ersten Monaten wie auch in den ersten Jahren nach dem Oktober 1917 suchten Lenin und die Bolschewiki konkrete Formen, um die Gesellschaft nach sozialistischen Prinzipien zu organisieren. Erinnert euch an sein Werk 'Die nächsten Aufgaben der Sowjetmacht', das Anfang 1918 erschien. In der Folgezeit wurde bei uns unter dem Einfluß der Richtlinien, die von Stalin aufoktroyiert wurden und ihn selbst um viele Jahre überlebten, der experimentelle Charakter der Werke Lenins nach dem Oktober unterschätzt und herabgemindert. Die Wandlungen in den Ansichten Lenins zum Aufbau des Sozialismus wurden vertuscht, denn diese Wandlungen hätten angeblich als Schwäche beurteilt werden können. In Wirklichkeit ist die Suche Lenins kein Merkmal einer Schwäche, sondern ein Anzeichen von Stärke, der Stärke des Marxismus als schöpferische Lehre.

Die Behauptung, Lenin hätte beinahe von den ersten Tagen der Revolution an ein umfassendes Programm zum Aufbau des Sozialismus in unserem Lande gehabt, ist zu einem Dogma geworden. In Wirklichkeit entwickelte sich dieses Programm bei Lenin allmählich, aufgrund der Vereinbarung theoretischer Grundsätze des Marxismus mit der lebendigen Praxis und realen Prozessen. Vieles mußte präzisiert, ja mitunter auch grundsätzlich neu betrachtet werden. In einer bestimmten Etappe der Revolution wurde der Akzent auf direkte Verteilung, Zwangsarbeit, strenge Erfassung und Kontrolle gesetzt. Auf die Maßnahmen, die zu einem organischen Element in der Politik des Kriegskommunismus wurden. Nach der Beendigung des Bürgerkrieges wurde Lenin jedoch klar, daß diese Politik sich erschöpfte, daß es unmöglich war, die Massen an den Sozialismus heranzuführen, indem man sich nur auf den durch die Revolution hervorgerufenen Enthusiasmus stützte, daß es notwendig war, materielle Interessiertheit und die damit verbundenen ökonomischen

Mechanismen der Warenproduktion und des Marktes einzuschalten. Davon ausgehend, wurden auch die Hauptrichtungen der Bewegung der sowjetischen Gesellschaft auf eine neue Art bestimmt. Die wichtigste davon war die Verkündung der NÖP, einer Politik, die den dogmatischen Zielsetzungen und der im Parteimilieu entstandenen Meinung zuwiderlief. Das war eine dramatische Situation, da sich viele seiner nächsten Anhänger, jene, die die Revolution mit vorbereitet und mit vollzogen hatten, gegen die Leninsche Idee der NÖP stellten."

Die Kritik an Stalin war milde und fiel sehr „wissenschaftlich" aus (ebendort, S. 8): „Leider wurden diese tiefgreifenden Ideen und Betrachtungsweisen Lenins im weiteren mißachtet oder im Verlaufe der Stalinschen Industrialisierung und Kollektivierung grob entstellt. Aber es erhebt sich die Frage: Warum gelang es Stalin, der Partei und der ganzen Gesellschaft seine Programme und Methoden aufzuoktroyieren'? Das ist die Frage aller Fragen. Aus der Antwort auf sie ergeben sich direkt die Einschätzung unserer Geschichte und das Verständnis des Charakters unserer heutigen Gesellschaft. Stalin und seine nächste Umgebung nutzten geschickt die revolutionäre Ungeduld der Massen, die jeglicher Massenbewegung eigenen utopischen und gleichmacherischen Tendenzen und das Streben der Avantgarde der Partei selbst dem langersehnten Ziel entgegen. Die geschichtlich notwendige Suche nach Formen und Methoden des Aufbaus einer neuen Gesellschaft nach Lenin gestaltete sich zu einem harten ideologisch-politischen Kampf." Jetzt warteten die Massen jedenfalls wirklich ungeduldig darauf, zu erfahren, wohin die Perestroika sie führen sollte.

Gorbatschows Analyse traf jedenfalls den Kern der Sache: Auch wenn die „Stalinschen Entstellungen" des Sozialismus (ebendort, S. 10) „keine Leugnung dessen (bedeutet), daß auch in diesen Jahren große volkswirtschaftliche und kulturelle Aufgaben gelöst wurden. In diese Periode fallen Leistungen bei der Weltraumerschließung. Man sollte die Bedeutung der erzielten militärischen Parität nicht unterschätzen, obwohl das große Anspannung aller materiellen und intellektuellen Kräfte der Gesellschaft gefordert und sich natürlich auf die Realisierung der Sozialpläne ausgewirkt hatte." Daher auch das ehrlich gewordene Ringen um Abrüstung. Reagan drängte die Sowjets an den rüstungstechnischen Abgrund.

Auch das konnte noch jeder begreifen (ebendort): „Aber mit der Zeit offenbarte sich immer mehr die Unfähigkeit des administrativen

Weisungssystems, den modernen wissenschaftlich-technischen und sozialökonomischen Fortschritt zu sichern. Gerade in diesen Jahren begann doch in den entwickelten kapitalistischen Staaten eine neue Etappe der wissenschaftlich-technischen Revolution und erfolgte ein Durchbruch zu neuen Technologien. Ein mächtiger Sprung vorwärts bei der Entwicklung der Mikroelektronik, der Informatik und der Biotechnologie führte im wahrsten Sinne des Wortes zu qualitativen Umgestaltungen im Fortschritt der modernen Zivilisation, darunter auch bei der Produktion von Lebensmitteln und Konsumgütern, bei Dienstleistungen und im Wohnungsbau. Buchstäblich um eine Größenordnung stieg die Arbeitsproduktivität in vielen Zweigen an, was zu kolossalen Wandlungen in der ganzen Lebensweise der Menschen führte. Uns dagegen haben diese revolutionären Veränderungen, sagen wir so, lediglich von einer Ecke her berührt. Im Grunde genommen berührten sie die Weltraumerschließung und die militärische Sphäre. Ich glaube, daß der größte in jener Zeit begangene Fehler in der Unterschätzung der Bedeutung der Umwälzung in Wissenschaft und Technik besteht. Dadurch verharrten wir hinsichtlich der allgemeinen Zivilisation in einer Reihe von überaus wichtigen Lebensbereichen der Gesellschaft gleichsam in der vorigen technologischen Epoche. Die entwickelten Länder des Westens gingen zu einer anderen Epoche, zur Epoche von Hochtechnologien, eines grundsätzlich neuen wechselseitigen Zusammenhanges zwischen Wissenschaft und Produktion, der Ressourceneinsparung, neuer Werkstoffe und neuer Formen der Lebenshaltung der Menschen, einschließlich der Lebensbedingungen, über. Deshalb ist es rechtmäßig, von der Stagnationsperiode als von einer Zeit versäumter Möglichkeiten zu reden, die den Fortschritt unserer Gesellschaft und den Sozialismus im ganzen ernstlich beeinträchtigt hat."

Also die entscheidende Frage, was tun. Doch nun kommt das Paradoxon (ebendort, S. 11): „Die KPdSU kommt heute auch auf die Quellen und Prinzipien der Revolution, auf die Leninschen Ideen des Aufbaus einer neuen Gesellschaft zurück. Aber nicht, um ihnen den Nimbus zu nehmen, sondern, um in vollem Maße die Verantwortung für das Werk der Revolution, für ihre Versprechungen, für ihre Taten und ihre Schulden zu übernehmen. Vor allem brauchen wir die Analyse unserer geschichtlichen Erfahrungen und des heutigen Zustandes der Gesellschaft für den Aufbau der Zukunft. Gerade aus dieser Sicht gestaltete sich die Politik der Perestroika." Im Zurück zu einem nebulos verklärten Lenin-Bild lag Gorbatschows Zukunftsvision – und Versagen!

Statt sich von Lenin zu trennen, schwärmte Gorbatschow von einem „humanistischen" Kommunismus (ebendort, S. 11 f): „Die Intentionen der Perestroika-Politik sind klar und unzweideutig. Wir wollen dem Sozialismus über die Perestrojka einen neuen Impuls verleihen, das gewaltige humanistische Potential der sozialistischen Ordnung voll zur Entfaltung bringen. Davon lassen wir uns leiten und gehen konsequent und unentwegt voran. Jede Etappe bereichert uns, und zugleich legen wir das ab, was sich in der Praxis nicht bewährt hat, nehmen erforderliche Abänderungen vor. Auf der Grundlage der erarbeiteten Konzeption der Perestroika" (welcher?) „haben wir bedeutsame prinzipielle Entscheidungen getroffen, von denen unser Leben, das Antlitz und die Zukunft des Landes abhängen."

Eigentlich kritisieren so Marxisten böse Kapitalisten (ebendort, S. 12): „Die heute getroffenen Entscheidungen zielen insgesamt darauf ab, die Entfremdung des Menschen vom Eigentum, von der Macht und den kulturellen Werten zu beseitigen. Da ist sie, die kurze Formel. Den Menschen wieder als handelnde Hauptperson in die Gesellschaft einführen." Wenn solche Entfremdungen selbst Marxisten hervorzurufen vermögen, müsste man annehmen, dass gerade sie und ihre Methoden am wenigsten zur „Aufhebung der Entfremdung" imstande wären. Mit dem Marxismus gegen den Marxismus: „Das ist das, was der marxistischen Konzeption und der marxistischen Auffassung des Sozialismus entspricht." Allmählich musste den armen Studenten der Kopf schwirren.

Verstehen und begeistern mochte sie noch folgendes (ebendort, S. 14): „Das heutige Treffen veranlaßt mich, mit euch zusammen über die Dialektik der Kontinuität unserer Vergangenheit und des Bruchs mit ihr nachzudenken, darüber, wie man die Spreu vom Weizen trennen und bestimmen soll, was wir in die Zukunft mitnehmen und was für uns unannehmbar ist. Unannehmbar ist alles, was mit Stalinismus und Stagnation, mit der administrativen Weisungswillkür zusammenhängt, mit Verletzungen der sozialistischen Gesetzlichkeit und der allgemeinen menschlichen Moral, mit totaler Zentralisierung, politischem Autoritarismus und Unterdrückung der Andersdenkenden. mit Schmarotzertum, Gleichmacherei, Korruption und Veruntreuung von Staatseigentum. Wir nehmen Abschied von blinder Unterwürfigkeit, von Apathie und Lethargie."

Doch was soll das folgende Rezept (ebendort, S. 15)? „Wir nehmen den von Aufschichtungen des Dogmatismus, der Scholastik und konjunkturbedingter Interpretationen gereinigten Marxismus-Leninismus mit. Wir kehren zu seinen Ursprüngen zurück, entwickeln ihn auf schöpferische Art weiter, um vorwärts zu schreiten." Wasch' mir den Pelz, aber mach' mich nicht nass! Laufend wird es schwieriger, Gorbatschow zu folgen (ebendort, S. 21): „Ohne eine Wiederholung zu scheuen, sage ich ein weiteres Mal: Das Wichtigste ist, daß wir unbedingt wissen, wohin wir gehen." Er wiederholte nicht, wohin es wirklich ging, doch zugleich unterstrich er die Bedeutung des Wissens über die einzuschlagende Richtung. Ein Revisionismus im Namen Lenins? Das war wirklich neu.

Reichlich verklausuliert klingt folgende Zielsetzung (ebendort, S. 22): „Zum Endziel der Umgestaltung der innerparteilichen Beziehungen muß meiner Meinung nach die Durchsetzung der Atmosphäre einer wahren Demokratie, d. h. der Macht der Parteimassen in der KPdSU, werden. Es kommt darauf an, Bedingungen zu schaffen, unter denen jeder Kommunist durch seine Meinung, durch seine Haltung die Ausarbeitung ihrer Politik, die Zusammensetzung aller wählbaren Parteiorgane real beeinflussen kann." Mag schon sein (ebendort): „Dadurch wird die Entfremdung der Kommunisten vom Leben, von der Tätigkeit ihrer politischen Organisation überwunden werden", doch wie sollte es eigentlich aussehen, wenn man vom Kommunismus die Nase voll hatte. Durfte man dann auch noch offen mitdiskutieren?

Der Generalsekretär sprach ja ausdrücklich nur von Kommunisten (ebendort, S. 23): „Eben eine solche Haltung wird der Partei ermöglichen, ihre Rolle als politische Vorhut zu erfüllen, alle gesunden Kräfte im Namen der Erneuerung des Sozialismus zu vereinigen. Diese Arbeit kann nur in der Atmosphäre einer umfassenden Demokratie, der Glasnost, der Achtung gegenüber der Meinung eines jeden Kommunisten sowie einer ungezwungenen Diskussion von Erfolg gekrönt sein. Bei dem gesamten Meinungspluralismus zu Problemen unserer Entwicklung gibt es für die Kommunisten natürlich auch grundlegende unvergängliche Werte." Eine kritische Haltung zum „Großen Oktober" gehörte nach dem bisher Gesagten wohl nicht zu ihnen. Doch nur sie hätte aus der selbstgemachten sowjetischen Sackgasse geführt.

Auch die Jugend durfte nur im kommunistischen Jugendverband Demokratie spielen (ebendort, S. 30 f): „In unserem Gespräch kann die Situation im Komsomol nicht unerwähnt bleiben.
 In dieser größten politischen Jugendorganisation werden jetzt hitzige Diskussionen darüber geführt, wie der Komsomol von heute aussehen soll.

Die Perestrojka gibt dem Komsomol eine Chance, seine Rolle in der Gesellschaft, im Staat besser zu bestimmen, den Geist der schöpferischen Suche, die Initiative wieder ins Leben zu rufen.

Die Hauptkraft der Erneuerung des Komsomol sind die Komsomolzen selbst. Dabei kommt es darauf an, die Sache energisch anzupacken, sich des Formalismus und der allen lästig gewordenen Zur-Schau-Stellung, all dessen zu entledigen, was die Initiative und die Energie der Jugend fesselt und der Realisierung ihrer staatsbürgerlichen Position, ihrer Teilnahme an den Angelegenheiten der Gesellschaft im Wege steht.

Ich meine, daß der Komsomol heute, da das Land sich in der historischen Umbruchsetappe befindet, da das Schicksal unserer Gesellschaft für viele Jahrzehnte entschieden wird, seinen Platz als politische Jugendorganisation finden, dabei aber jene Stoßkraft, von der Lenin gesprochen hat, bleiben und in allem Initiative ergreifen muß." Alles klar?

Was sollte letztlich die Jugend von den Reformen halten, wenn Gorbatschow sie zum Schluss noch erinnerte (ebendort): „Und noch etwas, Genossen: Man darf nicht die ganze Geschichte des Komsomol, ebenso wie auch die Geschichte des Landes, durchstreichen. Die Geschichte des Komsomol ist unlösbar mit dem aufopferungsvollen Kampf für die Sache des Oktober, für sozialistische Ideale verbunden." Auch das wohlwollende Schulterklopfen des roten Zaren wird wohl kaum die Richtung klargemacht haben (ebendort): „Ich kann nur das eine sagen: Wir werden euch auch in dieser verantwortungsvollen Zeit zur Seite stehen! Wir stellen mit Genugtuung fest, daß die sowjetische Jugend in den revolutionären Jahren der Perestroika die Politik der Partei zur sozialistischen Erneuerung der Gesellschaft lebhaft unterstützt. Wir wissen das gebührend zu schätzen und hoffen, daß der Beitrag des Komsomol, aller Mädchen und Jungen unseres Landes zur revolutionären Umgestaltung zunehmen wird. Ich wünsche eurem Forum viel Erfolg!" Diesen frommen Wunsch brauchten die Bedauernswerten wirklich.

Dabei hätte es Gorbatschow gewusst. In weiser Erkenntnis sagte er doch selbst in der Mitte dieser verwirrenden Selbstdarstellung seiner Politik (ebendort, S. 17): „In der Politik ist die gefährlichste Berauschung das Berauschen am Geschwätz. Wir wissen aus der Geschichte, daß dadurch schon viele Länder, darunter auch unser Land, wiederholt an den Rand einer Katastrophe gebracht wurden."

14. Die „chinesische Wasserfolter"

Noch im letzten Jahr des unversehrten Bestehens des sowjetischen Imperiums mangelte es seinem militärischen Arm, dem Warschauer Pakt, noch kaum am alten Selbstvertrauen. Im letzten Jahr der Reagan-Administration traf sich nochmals die gesamte Spitze der kommunistischen Führer Osteuropas mit Gorbatschow, Gromyko, Ryshkow und Schewardnadse oder Shiwkow, Honecker und Ceausescu als Teilnehmern am 15. und 16. Juli 1988 in Warschau. Im dann herausgegebenen Schluss-Kommuniqué des Politischen Beratenden Ausschusses der Teilnehmerstaates des Warschauer Vertrages spricht noch das alte gewohnte Selbstvertrauen (Dokumente 1988 a). Obwohl darin eingangs festgestellt wurde (ebendort, S. 8), „daß die Konfrontation abnimmt, sich die Kontakte zwischen den Staaten in Ost und West verstärken und günstigere Voraussetzungen entstehen, um das Wettrüsten zu zügeln, die Militärausgaben zu senken und regionale Konflikte zu regeln", wurde dennoch selbstbewusst konstatiert (ebendort): „Zugleich gibt es noch keine grundlegende Wende zum Besseren."

Auf die früheren Angriffe auf den Westen wurde bereits verzichtet. Die neue Sprache wurde sichtbar (ebendort, S. 10): „Die Teilnehmerstaaten des Warschauer Vertrages unterstrichen die Bedeutung des konstruktiven Dialogs zwischen den sozialistischen und anderen Ländern, von Treffen und Besuchen auf höchster und hoher Ebene sowie von Vereinbarungen, die dem gegenseitigen Verständnis und dem Frieden dienen. Die Teilnehmer der Tagung würdigten die Entwicklung des sowjetisch-amerikanischen Dialogs und bekräftigten die Position ihrer Staaten zur Unterstützung der Aktivitäten der Sowjetunion sowie ihre Entschlossenheit, alles zu tun, um die Gipfelgespräche zu neuen bedeutsamen Abkommen auf dem Gebiet der Abrüstung und weiteren praktischen Schritten bei der Festigung des Weltfriedens und der internationalen Sicherheit zu führen.

Die auf der Tagung vertretenen Staaten erklären, daß jeder von ihnen auch künftig die Kontakte und die Zusammenarbeit mit anderen Ländern im Interesse der Gesundung der internationalen Lage und der Festigung des Friedens in Europa und der ganzen Welt verstärken wird.

Ausgehend vom Interesse der gesamten Menschheit an der Abrüstung wurde die Notwendigkeit hervorgehoben, alle interessierten Staaten an den Abrüstungsverhandlungen zu beteiligen. Es wurde betont, daß unter den gegenwärtigen Bedingungen das neue Denken und das neue Herangehen an die Fragen von Krieg und Frieden im Interesse der zuverlässigen

Gewährleistung der internationalen Sicherheit und des Rechts der Völker auf Leben sowie eine freie unabhängige und würdige Existenz entwickelt werden müssen."

Offensichtlich stand das sowjetische Interesse und der Wunsch nach der Reduzierung der unerschwinglich gewordenen Militärausgaben im Vordergrund (ebendort, S. 11): „Die im Ergebnis der Abrüstung freiwerdenden Mittel sollten der ökonomischen und sozialen Entwicklung zugute kommen."

Wohl um die ökologische Sensibilität im Westen anzusprechen und auf dieser Schiene Druck auszuüben, wurde noch eigens ein Papier „Über die Folgen des Wettrüstens für die Umwelt und andere Aspekte der ökologischen Sicherheit" verabschiedet (Dokumente 1988 b).

Auf der anderen Seite traten mit dem Amtsantritt von George Bush als US-Präsident 1989 die von Reagan eingeleiteten Weichenstellungen in die entscheidende Phase: Reagans früherer Stabschef und Finanzminister, Bushs Wahlkampfleiter und neuer Außenminister, James Baker, empfahl seinem Chef am Exempel Zentralamerikas (B&T, S. 76), „bei den Sowjets die Taktik der chinesischen Wasserfolter anzuwenden. Wir wiederholen einfach immer wieder - tropf, tropf, tropf -, dass sie an einer Konfliktlösung in Mittelamerika mitwirken müssen, weil sie anderenfalls mit vielen anderen Problemen konfrontiert werden, die weitaus schwieriger zu lösen sind."

Dazu entsannen sich die US-Stellen noch der alten Verhandlungstaktik, mit geteilten Rollen vorzugehen: Als es bei einem der ersten Separationsbewegungen in der Sowjetunion zum Einschreiten sowjetischer Truppen und zu Blutvergießen kam (am 9.4.1989 in Tiflis), reagierte der Präsidentensprecher Marlin Fitzwater in Abstimmung mit dem Außenministerium auffällig zurückhaltend, während Bushs Vizepräsident Dan Quayle den Kreml öffentlich scharf tadelte. Der Stabschef des Weißen Hauses, John Sununu, meinte dazu vielsagend (B&T, S. 70): „Quayle spielt den bösen Polizisten, Bush den guten Polizisten. Und bei diesen Jungs (den Sowjets) brauchen wir eine Menge böser Polizisten."

Mittlerweile trieb die durch Perestroika und Glasnost verfahrene Situation die sowjetische Spitze immer mehr in die Enge, sodass im März 1989 US-Außenminister Baker in Wien fordern konnte, die Sowjets müssten endlich „dafür sorgen, dass das 'Neue Denken' die 'Phase der Stagnation' ein für allemal beende" (B&T, S. 54). In den folgenden Verhandlungen geriet der sowjetische Außenminister Eduard Schewardnadse immer mehr in die Rolle eines Bittstellers (B&T, S. 56). Gorbatschow und Schewardnadse „versuchen verzweifelt, an den Speck heranzukommen, um ihn zu Hause vorzeigen zu können. Schließlich haben sie große Schwierigkeiten, was die Wirtschaft betrifft, und bringen nur selten ein Stück Fleisch auf den Tisch." (B&T, S. 57). Gorbatschow werde sicher „sämtliche Vorschläge und Initiativen, die von uns stammen", begrüßen, er habe es „sehr eilig" (ebendort).

Als den amerikanischen Stellen immer deutlicher wurde, dass Gorbatschow im eigenen Land laufend unbeliebter wurde, warnte Bushs nationaler Sicherheitsberater Brent Scowcroft seinen Präsidenten, dass es gefährlich werden könnte, sich zu sehr für den Menschen Gorbatschow anstatt für seine Politik der Perestroika einzusetzen. Worauf Bush ihm klarmachte (B&T, S. 124): „Hey, der Bursche ist die Perestroika!" Da Gorbatschows Zukunftsaussichten nicht mehr rosig schienen, meinte Bakers enger Berater Dennis Ross, später Nahostvermittler unter Präsident Clinton, hinsichtlich vertraglicher Abmachungen mit der Sowjetunion zu seinem Außenminister (B&T, S. 98), dass „wir nichts zu verlieren haben, wenn wir sie jetzt festnageln", vielmehr hätte man „um so mehr Gründe, den Preis für eine Kehrtwende durch eine Fülle von ratifizierten Abkommen und Verpflichtungen in die Höhe zu treiben".

Carters früherer Sicherheitsberater Zbigniew Brzezinski meinte, dass politische Freiheit ohne ernsthafte wirtschaftliche Reformen zu einem „sozialen Desaster" führen müssten (B&T, S. 184). Daher tue der Präsident gut daran, „Gorbatschow einen Köder auszulegen" (B&T, S. 186), um ihn zu mehr Reformen zu verlocken. Außer Abrüstung war Bush allenfalls bereits, Hilfe für die Verbesserung der öffentlichen Gesundheitsfürsorge und den Umweltschutz in der Sowjetunion zu erwägen (B&T, S. 185). Baker warnte öffentlich davor, keinerlei Erwartungen in den Umfang der Wirtschaftshilfe von seiten der Vereinigten Staaten oder des Westens zu wecken: Der Erfolg der Perestroika hänge von den Sowjets selbst ab und nicht von ausländischer Hilfe (B&T, S. 161). John Sununu hielt die Idee für absurd, „die Sowjetunion freizukaufen" (B&T, S. 185-186). Für alle Fälle richtete Sicherheitsberater Scowcroft stillschweigend eine Arbeitsgruppe ein, um die Möglichkeiten eines Gewaltausbruches in der gesamten Sowjetunion - nicht zuletzt aus dem Gesichtspunkt der Verfügungsgewalt über die Nuklearwaffen - zu analysieren (B&T, S. 415 f).

Ein altgedienter Sowjetexperte in der Sowjet-Abteilung des CIA, Grey Hodnett, kam im September 1989 in seiner Studie „Gorbatschows riskantes Unternehmen in der Sowjetunion" zur Überzeugung (B&T, S. 187 f), dass Gorbatschow entweder durch seine Reformpolitik scheitern, oder aber zu einer Rückkehr zum alten Denken gezwungen würde, um seine Haut zu retten. Vor allem die unter dem Oberbegriff Glasnost laufenden Reformen wären so radikal, dass sich nun die seit 72 Jahren aufgestaute Unzufriedenheit endlich Luft machen könnte. Zugleich seien der Perestroika zu enge Grenzen gesteckt, um die Erwartungen des Volkes zu erfüllen.

Aufgrund der sich verschlechternden Wirtschaftslage wären soziale Unruhen unvermeidlich. Diese könnten sogar in eine Revolution umschlagen, was wiederum den sowjetischen Hardlinern als Vorwand dienen würde, die Macht im Kreml zurückzuerobern und erneut ein dogmatisch-totalitäres Regime zu installieren. Gorbatschows Pseudoreformen führten zu „der schlechtesten aller Welten - nur Schmerz und kein Gewinn" (ebendort). Sollte es durch einen Abfall der Republiken zu einer „Osmanisierung" der UdSSR kommen, würden sich die Hardliner umso mehr zu einem Sturz Gorbatschows veranlasst sehen. Diese Einschätzung war aber keine „private" Studien eines Hinterzimmer-Experten, vielmehr schloss sich CIA-Direktor William Webster dieser Sicht der Dinge an.

Klar sehend was kommen würde, war die amerikanische Seite im Oktober 1989 zum ersten Mal veranlasst, Gorbatschow und seiner Politik begeistert und offiziell zuzustimmen. Baker erklärte vor dem Senat die sowjetischen Reformen für „vielversprechend" und vor der Außenpolitischen Vereinigung in New York, Gorbatschow „lässt die Absicht erkennen, 'Kurs zu halten'" (B&T, S. 160). Der amerikanische Präsident suche nach „Möglichkeiten, von denen beide Seiten profitieren können" (ebendort). Gorbatschows politische Schritte seien vom Gedanken der Freiheit getragen, und die Perestroika bewege sich Schritt für Schritt auf eine freie Marktwirtschaft zu. Der Chef des US-Zentralbankrates Alan Greenspan reiste nun für fünf Tage nach Moskau, um Gorbatschows Wirtschaftsexperten beim Ausbau eines marktwirtschaftlichen Finanzsystems zu beraten.

Was erhielt aber die Sowjetunion wirklich? Lobendes Schulterklopfen, leere Ratschläge, keine konkrete Wirtschaftshilfe und die Aufforderung, weiter zu machen. Tropf, tropf, tropf. Jetzt hatte die Sowjetunion nichts mehr zu geben, und Gorbatschow musste auf Kurs bleiben. Zu „knallen" gab's nichts mehr, was blieb, war das von Caspar Weinberger konzipierte „Winseln". Reelle Geschäfte beruhen allerdings auf einem gleichgewichtigen Interessenabtausch. Die Perestroika, gedacht für die Verbesserung von Wirtschaft und Technologie, war ins Gegenteil ihrer Absicht umgeschlagen, die technisch-ökonomische Situation verschlechterte sich rapide und zeigte sich nicht einmal in der Lage, den alten Standard der breschnewschen Stagnation zu halten. Die „Katastroika" zeigte nachhaltige Wirkung.

15. Das „amerikanische Liederbuch"

Die Ereignisse nahmen einen immer schnelleren Verlauf. Im November 1989 fiel die Berliner Mauer. Bei der KSZE-Konferenz in Rom suchte der sowjetische Staatschef den Eindruck zu erwecken, dass er die Dinge im Griff habe und nur das Beste wolle. Er verkündete, dass der Kalte Krieg nicht deshalb vorüber sei, „weil es Sieger und Besiegte gibt, sondern ganz im Gegenteil, weil das eben nicht der Fall ist" (B&T, S. 196). Anstatt sich in die Rolle als Vertreter einer geschlagenen Macht zu fügen, hatte er sich zum Sprecher der kühnsten Hoffnungen der Menschheit ernannt. „Wir brauchen geistige Werte", verkündigte er im Rathaus. „Wir brauchen eine Revolution in den Köpfen" (ebendort).

Gorbatschow wurde in den Räumen der Vatikan-Bibliothek von Papst Johannes Paul II. empfangen, der als Pole für die Sowjets lange Zeit eine Provokation darstellte. Nun sprach der Sowjetführer den Antikommunisten mit „Seine Heiligkeit" an, lud ihn zu einem Besuch in der Sowjetunion ein, erklärte sich bereit, die diplomatischen Beziehungen zum Vatikan wiederaufzunehmen und „in Kürze" ein Gesetz zu verabschieden, das allen Gläubigen Religionsfreiheit garantierte. Danach lobte er in Mailand (B&T, S. 197) den Prager Frühling 1968, er sei „eine anerkennenswerte Bewegung für Demokratisierung, Erneuerung und Humanisierung der Gesellschaft gewesen. Das galt damals genauso wie heute." Mit „unserem Mann" war der Westen wirklich gut „ins Geschäft" gekommen.

Am Gipfeltreffen Anfang Dezember 1989 auf Malta verzichtete Gorbatschow offiziell auf die Breschnew-Doktrin und verurteilte sogar die eigene Afghanistan-Invasion. Als zur selben Zeit eine amerikanische Intervention wider die philippinischen Putschisten gegen die Präsidentin Corazon Aquino lief, gab er sich brav mit der US-Erklärung zufrieden, die Luftaktionen der USA seien „lediglich Übungen" (B&T, S. 208). Als den „Härtetest" seiner Politik bezeichnete Gorbatschow die Frage, ob es ihm gelinge, die Knappheit an Konsumgütern in seinem Lande zu beseitigen (B&T, S. 210 f). Die Sowjetunion wolle vom staatlichen Eigentum an Unternehmen zu „kollektiven Besitzverhältnissen" zurückgehen. Gorbatschow denke dabei an das „schwedische Modell", dessen Definition Gorbatschows tiefe Unkenntnis über die westlichen Wirtschaftsverhältnisse verriet. Um einer allfälligen Bitte um direkte Finanzhilfe zuvorzukommen, lobte Bush den Stolz der Sowjets, „keine Almosen" zu erbitten (B&T, S. 210).

Vizepräsident Dan Quayle kommentierte den Bericht über das Gipfeltreffen in Malta mit (B&T, S. 222): „Armer Gorbatschow! Er hat keine Chance!" Seinen „Härtetest" hatte er bereits damals nicht bestanden. Als „böser Polizist" warnte Quayle dennoch in einem Interview davor, sich von „der faszinierenden Persönlichkeit Gorbatschows einwickeln zu lassen". Um den Druck im Stile der „chinesische Wasserfolter" zu verschärfen, bezeichnete er in einer weiteren Stellungnahme die Sowjetunion noch immer als ein totalitäres System. Sein Pressesprecher David Beckwith schilderte die amerikanische Vorgehensweise folgendermaßen (ebendort): „Wir singen alle aus dem gleichen Liederbuch, aber es gibt unterschiedliche Parts. Manche singen Baß, manche Alt."

Während der auf das Treffen in Malta folgenden zwanzig Monate (bis Gorbatschows wirklichem Sturz) richtete Bush die amerikanische Außenpolitik gegenüber der Sowjetunion an vier Grundsätzen aus (B&T, S. 221 f): „Gorbatschow zu helfen, an der Macht zu bleiben; ihn auf dem Reformkurs (wie vage dieser auch immer definiert war) zu unterstützen; für die USA günstige Vereinbarungen herauszuholen, die mit einer dogmatischeren Führung im Kreml sehr viel schwerer zu erreichen waren; und keine Zugeständnisse zu machen, die den Vereinigten Staaten schaden konnten, falls Gorbatschow unerwartet von den Hardlinern in der Sowjetunion abgesetzt würde."

Das Sowjetimperium begann zu erodieren: In der DDR folgte nach dem Mauerfall am 9. November 1989 auf Erich Honecker kurz Egon Krenz und dann Gregor Gysi, der sogar die Staatspartei SED in PDS umbenannte. Beim Treffen der Warschauer-Pakt-Staaten in Moskau Anfang Dezember 1989 wurden alle Delegationen bis auf die rumänische von Reformern angeführt, wobei alle Nichtsowjetrussen in diesem Jahr an die Macht gekommen waren. Nicolae Ceausescu klagte, die Amerikaner und Westeuropäer „wollen den Sozialismus liquidieren" (B&T, S. 224). Drei Wochen später wurde der rumänische Diktator im Zuge eines blutigen Aufstandes beseitigt, samt seiner Ehefrau liquidiert und durch den „Reformer" Ion Iliescu ersetzt. Um ihre Stellung zu schützen und die Geheimpolizei Securitate zu hindern, die Diktatur wieder zu errichten, luden einige Umstürzler sogar Gorbatschow ein, sowjetische Truppen ins Land zu entsenden. Am Weihnachtsabend 1989 erklärte sich Baker in einer NBC-Sendung sogar öffentlich damit einverstanden, „wenn der Warschauer Pakt es für notwendig erachtet einzuschreiten" (B&T, S. 224).

So sicher war man sich bereits der Schwäche des Gegners, dass man ihm dieses Zugeständnis zu machen wagte - wenige Wochen, nachdem dieser selbst auf die Breschnew-Doktrin verzichtet hatte. Immerhin fand zu selben Zeit, nach der amerikanischen Intervention auf den Philippinen, eine weitere großangelegte amerikanische Operation statt: Just Cause („Gerechte Sache") in Panama gegen den sich verselbständigenden CIA-Agenten Manuel Noriega. Iwan Aboimow, einer der Stellvertreter Schewardnadses, kommentierte dies gegenüber Botschafter Matlock (B&T, S. 226): „Es scheint, wir haben die Breschnew-Doktrin an Sie weitervererbt."

Selber auf dem Rückzug aus Afghanistan war die Sowjetunion nicht mehr willens und vielleicht auch nicht mehr fähig, selbst zu intervenieren. Sie suchte zu halten, was noch zu halten war - zunächst auch noch im Baltikum und in Deutschland. In seiner Neujahrsansprache umschrieb dies Gorbatschow mit der Formulierung, das vergangene 1989 sei „das Jahr gewesen, in dem der Kalte Krieg zu Ende ging" (B&T, S. 227). Es sei wichtig, „auf die Waffen des Kalten Krieges zu verzichten, wenn in den neunziger Jahren eine echte Zusammenarbeit stattfinden soll" (ebendort). Eindringlich forderte er die Amerikaner auf, 1990 nicht in „eine zögernde, abwartende Haltung, Zweifel oder Verdächtigungen" zurückzufallen (ebendort). Eine Weltmacht war dabei abzudanken und sich nach Weinberger „winselnd" (Jung, S. 73) vom Wohlwollen der Gegenseite abhängig zu machen.

Bereits Anfang Januar 1990 musste Gorbatschow einige geplante Treffen mit westlichen Politikern absagen: Die litauische KP erklärte sich von Moskau unabhängig. Die Drohung, ihren Vorsitzenden Algirdas Brasauskas abzusetzen, entschärfte Gorbatschow wieder mit seiner Weigerung, Gewalt anzuwenden (B&T, S. 228): „Ich möchte meine Hände nicht mit Blut beflecken." Sehr edel und human, doch ausgesprochen unsowjetisch. Mit dieser Haltung hätten die Bolschewiken im Oktober 1917 nie den Winterpalast gestürmt und die Macht erobert, geschweige denn diese dann im Bürgerkrieg erhalten. In Panama waren die USA zur selben Zeit jedenfalls bereit, hunderte tote Zivilisten in Kauf zu nehmen, um ihre Interessen zu wahren.

Zwar reiste nun Gorbatschow als erster Sowjetführer am 11. Januar 1990 nach Vilnius, sehr wohl wissend, dass eine Inkaufnahme der Abspaltung Litauens „bewusst den Zusammenbruch der Sowjetunion" bedeuten würde (ebendort). Doch mit seiner weichen Haltung setzte er sich nicht durch und wurde nach der Heimkehr in Moskau von der nächsten bösen Überraschung heimgesucht: Um Nagorni-Karabach (Berg-Karabagh) kam es zum Zusammenstoß zwischen den sowjetischen Republiken Aserbeidschan und Armenien. Der nach Baku entsandte Jewgeni Primakow, später russischer Außenminister und Ministerpräsident, wurde schlichtweg ausgebuht, sodass Truppen des sowjetischen Innenministeriums am 20. Januar die Stadt stürmten und offiziell 120 Tote hinterließen - der aserische Volkskongress sprach von an die tausend. Gorbatschow verteidigte das harte Eingreifen, und Bush zeigte größtes Verständnis, indem er „Newsweek" erklärte (B&T, S. 233): „Die Situation ist jedoch die, dass die Sowjetunion versucht einen ethnischen Konflikt, einen internen Konflikt zu beseitigen. ... Ich meine, wir müssten das allergrößte Interesse daran haben, weiterhin mit diesem Mann zu tun zu haben."

Deshalb suchte auch Margaret Thatcher, Gorbatschow das Leben zu erleichtern und die deutsche Einigung zu verzögern (Teltschik 1991, S. 115 f, 148, 161 und 288). Dabei halfen ihr alte antideutsche Ressentiments: „Sie fühle sich unbehaglich bei dem Gedanken an ein großes und starkes Deutschland" (derselbe, S. 134). Ihr Privatsekretär und außenpolitischer Berater Charles Powell bezeichnete selbst gegenüber dem außenpolitischen Berater des deutschen Kanzlers Horst Teltschik „die Beziehungen zwischen Thatcher und Gorbatschow als eine solche besonderer Art" (ebendort). Sie wusste eben mehr über ihn als andere. Nur so hatte sich Thatcher den Einsatz ihrer Entdeckung nicht gedacht. Mangels eigener Machtsubstanz und weil die USA hinter Kohl standen, scheiterte ihr Versuch, mittels einer britisch-französischen Achse die deutsche Wiedervereinigung zu verhindern oder wenigstens hinauszuschieben (Thatcher, S. 1096 bis 1111).

Innenpolitisch wurde es jetzt endgültig eng um „unseren Mann". Am 3. Februar 1990 marschierten Hunderttausende durch Moskau und forderten das Ende des Machtmonopols der Kommunistischen Partei. Auf Transparenten hieß es unter anderem: „Sowjetische Kommunistische Partei, wir haben die Nase voll von Dir!" oder „72 Jahre in die Sackgasse" (B&T, S. 235). Der aufkommende Stern Russlands, Boris Jelzin, meinte in einer Rede an die Demonstranten (ebendort): „Das ist die letzte Chance für die Partei." Zwei Tage später forderte Gorbatschow hinter verschlossenen Türen vor dem Zentralkomitee (ebendort): „Die Partei wird nur dann in der Lage sein, ihre Aufgabe als politische Avantgarde zu erfüllen, wenn sie sich radikal wandelt ... und mit allen Kräften zusammenarbeitet, die hinter der Perestroika stehen." Dazu empfahl er glatt, die sowjetische Verfassung zu ändern, auf die Vormachtstellung der KP zu verzichten und den Weg für ein Mehrparteiensystem zu ebenen.

Nach dem Fall der Mauer beschleunigte sich der Wiedervereinigungsprozess in Deutschland: Gorbatschow und Schewardnadse räumten zwar ein, dass eine Wiedervereinigung Deutschlands eines Tages möglich sei, allerdings nicht in naher Zukunft und auch nur unter der Bedingung, dass dieses wiedervereinigte Deutschland nicht Mitglied der NATO sein dürfe. Zur Besprechung der sich abzeichnenden Probleme waren Dennis Ross, später Nahost-Vermittler unter Clinton, und Robert Zoellick, damals ein Mitarbeiter des Außenministeriums, der Ansicht, dass Vierer-Treffen im Stile Jaltas nicht mehr zeitgemäß und eine KSZE-Konferenz mit 35 Staaten zu schwerfällig seien. Sie gebaren daher die Idee der „Zwei-plus-Vier-Gespräche" (B&T, S. 244). Nach den ersten freien Wahlen in Ostdeutschland im März 1990 sollten zunächst die beiden deutschen Seiten zusammentreffen und dann erst die „Großen Vier" dazu stoßen. Als Baker bei seinem Moskau-Besuch dies Gorbatschow am 9. Februar vorschlug, gab dieser auch darin bald nach und gestand zu, dieser Vorschlag sei „im Augenblick wohl der beste" (B&T, S. 245).

Nun kommt das Kabinettsstückchen überhaupt: Da es „unrealistisch" sei, dass eine Wirtschaftsmacht von der Größe des wiedervereinigten Deutschland neutral bleiben könne, warnte Baker die Sowjets sogar davor, dass dann die UdSSR sich selbst um ihre Sicherheit kümmern müsse. Originalton Bakers (B&T, S. 245): „Würden Sie ein wiedervereinigtes Deutschland außerhalb der NATO und ohne US-Streitkräfte, dafür aber vielleicht mit eigenen Atomwaffen, lieber sehen? Oder ziehen Sie ein wiedervereinigtes Deutschland vor, das an die NATO-Beschlüsse gebunden ist, während gleichzeitig gewährleistet ist, dass die NATO ihr Territorium um keinen Zentimeter in Richtung Osten ausweitet." Von der Osterweiterung und „Partnerschaft für den Frieden" war in dieser Phase der „chinesischen Wasserfolter" wohlweislich noch nicht die Rede. Ihre Möglichkeit schon damals anzunehmen, wäre wohl auch seinerzeit nicht aus der Luft gegriffen.

„Natürlich könnten wir keinerlei Ausdehnung der NATO-Zuständigkeiten akzeptieren", meinte Gorbatschow (ebendort), was Baker zum Rückschluss veranlasste, die UdSSR könne eine NATO-Mitgliedschaft des vereinigten Deutschland akzeptieren, solange das Gebiet der ehemaligen DDR von

Aktivitäten und Operationen der NATO ausgeschlossen bliebe. Der ehemalige Stellvertreter Gromykos, Georgi Kornienko, der Deutschlandexperte Valtentin Falin, Nikolai Portugalow und andere warnten zwar Gorbatschow und Schewardnadse davor, das wiedervereinigte Deutschland den Amerikanern zu überlassen. In der Sowjetführung wusste man also sehr wohl, worauf es ankam. Für Alexander Jakowlew standen aber andere Gesichtspunkte im Vordergrund, nämlich die Konzentration auf die immensen innenpolitischen Probleme, von denen eine endlose Deutschland-Diskussion nur ablenken würde (B&T, S. 247): „Was ist denn so falsch und schrecklich an einem wiedervereinigten Deutschland?"

Indem der Westen den Sowjets - rein verbal - „half", ihre innenpolitischen Probleme zu „lösen", wurden sie außenpolitisch demontiert. Tropf, tropf, tropf. An warnenden Stimmen hat es im Kreml nicht gefehlt, erstaunlich ist bloß, dass sie nicht ernst genug genommen wurden. Es muss schon tiefere Gründe gegeben haben, dass der Chef einer bisher lupenrein machiavellistischen Weltmacht den außenpolitischen Imperativ völlig vergaß. Die innenpolitischen Probleme der UdSSR wurden freilich in weitere Folge - mit oder ohne westliche Hilfe - nicht gelöst, sondern haben sich nur noch vermehrt. Nur ihr wirklich zu „helfen", hat Bush beim Begräbnis Tschernenkos der Sowjetunion auch gar nicht versprochen. Allerdings kein „partnerschaftliches" Verhalten, wie es im Lehrbuch steht.

16. Der Erfolg der „liebenden Strenge"

Als am 10. Februar 1990 Helmut Kohl und sein Außenminister Hans-Dietrich Genscher nach Moskau fuhren, schrieb ihnen Bush, „dass unser Traum umso eher Wirklichkeit wird" (B&T, S. 248), sollte die deutsche Wiedervereinigung rasch vollzogen werden. Da für den amerikanischen Präsidenten das deutsche Volk des Jahres 1990 kaum mehr etwas mit jenem von 1914 oder 1939 zu tun hatte, und die deutsche Wiedervereinigung unausweichlich schien, sollten Helmut Kohl und seine Nachfolger sich darauf besinnen, wer ihre wahren Freunde waren.

So räumte Kohl im Gespräch mit Gorbatschow ein, dass eine Wiedervereinigung nicht im Widerspruch zu „den berechtigten Interessen unserer Nachbarn, Freunde und Partner in Europa und der übrigen Welt" (B&T, S. 248 f) stehen dürfe. Für die Mitgliedschaft in der NATO bot Kohl deutsche Finanzhilfen, eine Reduzierung der deutschen Armee und die Anerkennung der Handelsverträge der DDR mit Moskau an. Washington wollte von Haus aus einen „westlichen Kokon" um Kohl spinnen, sodass Kohl vor die Wahl gestellt, in der NATO zu bleiben oder die Wiedervereinigung ohne NATO-Mitgliedschaft zu erreichen, sich des westlichen Rückhaltes sicher sein durfte. Robert Blackwill, als Mitarbeiter des Nationalen Sicherheitsrates für Osteuropa und die Sowjetunion zuständig, formulierte es so (B&T, S. 249): „Immer wenn er (Kohl) vor der Wahl steht, die NATO zu verlassen oder einen Bruch mit den Russen zu riskieren, werden die westlichen Nationen einen Ring um ihn bilden. Wie ein einmütiger Chor wird der Westen hinter ihm stehen und ihm einflüstern: 'Wir stehen zu dir.' Wir werden ihm in Erinnerung rufen, dass die Deutschen ihn auf die gleiche Stufe mit Bismarck und Adenauer stellen werden, was immer auch in diesem Jahr mit Deutschland geschieht."

Bush machte Kohl bei seinem Besuch in Camp David, der ersten solchen Auszeichnung eines deutschen Kanzlers am Landsitz eines amerikanischen Präsidenten überhaupt, am 24. Februar 1990 sogleich unmissverständlich die amerikanischen Interessen klar. Dazu bezeichnete er (Teltschik, S. 160) „die NATO-Mitgliedschaft eines geeinten Deutschland als für die USA sehr wichtig. Jede andere Lösung destabilisiere Europa, deshalb würden die USA auch Truppen in Deutschland belassen." Folglich suchten die Amerikaner auch nach Möglichkeiten, Gorbatschow für seine Bereitschaft zu belohnen, ein wiedervereinigtes Deutschland als Mitglied der NATO zu tolerieren. Blackwill fand dazu das für Juni 1990 in Washington geplante

Gipfeltreffen geeignet, es solle das spektakulärste der Nachkriegsära werden und für Gorbatschow ein „Weihnachten im Juni" werden (B&T, S. 249). Also „show-business" für reale Machtaufgabe. Bush und Kohl kamen überein, dass das Gebiet der ehemaligen DDR „einen militärischen Sonderstatus" erhalten und US-Truppen „als Garanten der Stabilität" in Deutschland stationiert blieben sollten (B&T, S. 253). In der Sache war der „show-down" in Juni eigentlich sogar überflüssig geworden, billigte doch der Oberste Sowjet am 27. Februar 1990 mit 306 gegen 65 Stimmen Gorbatschow umfassende Präsidialvollmachten zu.

Doch weder amerikanisches Schulterklopfen noch die Präsidialvollmachten vermochten den Erosionsprozess in der Sowjetunion selbst aufzuhalten: Am 12. März 1990 stimmte das neugewählte litauische Parlament einmütig für die „Wiederherstellung" der vor 50 Jahren verlorenen Unabhängigkeit. Der neue litauische Präsident Landsbergis erklärte (B&T, S. 256): „Wir bitten niemanden um Erlaubnis für diesen Schritt." Vor dem Volksdeputiertenkongress bezeichnete Gorbatschow zwar diese Erklärung nicht bloß als „alarmierend", sondern sogar als „ungesetzlich und unwirksam" (B&T, S. 257), sprach sich dann aber für einen „Dialog" mit Vilnius „unter Respektierung der gegnerischen Positionen" aus (ebendort). Schewardnadse setzte Baker auseinander, zuversichtlich zu sein (B&T, S. 260), „dass wir da einen Ausweg finden werden. Ganz sicher werden wir keine Gewalt anwenden, solange unsere Kasernen nicht angegriffen werden". Damit war das Kind im Grunde schon geschaukelt und nun auch die Sowjetunion selbst im Auflösungsprozess, nachdem sich schon der Warschauer Pakt in voller Erosion befand.

Während Gorbatschow am Weg zum Gipfeltreffen den Atlantik überquerte, erreiche ihn am 29. Mai 1990 die Nachricht, dass der am 4. März 1990 neugewählte Oberste Sowjet der russischen Republik den von Gorbatschow bekämpften Boris Jelzin soeben zum Präsidenten Russlands gewählt hatte. Ein gut vorbereiteter Präsident Bush wollte beim Gipfeltreffen eine Haltung „liebender Strenge" mit einer Mischung aus emotionaler Zuneigung und strenger Disziplin an den Tag legen, wie bei schwer erziehbaren Kindern (B&T, S. 286). Genervt wandte sich Gorbatschow dann in Washington gegen eine NATO-Mitgliedschaft des geeinten Deutschlands und begründete dies damit, „dass ein Volk das Recht habe, seine Bündnisse selbst zu wählen" (B&T, S. 291). Die äußeren Beziehungen des deutschen Volkes „sollten Sache des deutschen Volkes sein" (ebendort). Die Mitglieder der sowjetischen Delegation zeigten sich sichtlich entsetzt, sodass Gorbatschow schrittweise wieder hinter seine vorher gemachten Aussagen zurückging und Details an die Außenminister Schewardnadse und Baker zu delegieren suchte.

Zum ersten Mal in der sowjetischen Geschichte wagte es nun ein sowjetischer Außenminister, seinem Chef in Anwesenheit von amerikanischen Gesprächspartnern und zu deren Verblüffung die Gefolgschaft zu verweigern. Auch die innere Autorität „unseres Mannes" löste sich trotz umfassender Präsidialvollmachten auf. Nun war es soweit, dass der mit Sondervollmachten ausgestattete Sowjetführer sogar erklärte, die Anwesenheit amerikanischer Truppen in Deutschland liege auch in sowjetischem Interesse! Auch der sowjetische Marschall Sergej Achromejew widersprach zu den Rüstungskontrollmaßnahmen nochmals vor den amerikanischen Verhandlungspartnern seinem Chef (B&T, S. 292): „Nein, wir können nicht alle Bereiche der Sowjetunion zugänglich machen, solange wir nicht das Recht haben, die amerikanischen Basen auf den Philippinen und in anderen Teilen der Welt zu überfliegen."

Wenn nicht jetzt, wann sonst sollte „unser Mann" innenpolitisch zum Abschuss reif sein, sofern in den sowjetischen Hosen noch ein Rest bolschewistischen Pfeffers saß. Doch nichts geschah, und Gorbatschow fand in seinem Bericht über die Ereignisse des Treffens mit dem Präsidenten der USA vor dem Obersten Sowjet und den Volksdeputierten am 12. Juni 1990 wieder zu seinem früheren Selbstbewußtsein zurück (Gorbatschow 1990). Die grundsätzliche Schwäche seiner machtpolitischen Position lag darin, parallel zu seinem Rückzug aus Deutschland die Präsenz der amerikanischen Streitkräfte in Europa und Deutschland akzeptieren zu müssen, solange sie „der Stabilität dient" (ebendort, S. 16): „Ich denke, daß ich die grundlegende Quelle der heutigen Position der USA in der Frage des Eintritts Deutschlands in die NATO gut verstanden habe: In Washington wird die amerikanische Militärpräsenz in Europa als Stabilitätsfaktor angesehen und soll daher erhalten bleiben.
Ich habe dem Präsidenten gesagt: Solange die amerikanische Präsenz in Europa eine bestimmte Funktion auf der Ebene der Stabilisierung ausübt, ein Element der strategischen Situation darstellt, bildet sie für uns kein Problem. Was danach kommt, wird das Leben zeigen. Europa ist das natürliche Zentrum der Weltpolitik, und wenn man hier Verkrampfungen zuläßt, so wirken sich die Folgen auf die ganze Welt aus. Die sowjetisch-amerikanische Zusammenarbeit ist eine der Stützen, auf denen das europäische politische Gleichgewicht ruht." Das Leben zeigte später, dass auch es auch mit dem Untergang der UdSSR kein Problem hatte.

Einen Misserfolg konnte der geschwächte Sowjetpräsident keineswegs eingestehen, sodass er resümierte (ebendort, S. 31): „Folglich war das sowjetisch-amerikanische Gipfeltreffen insgesamt erfolgreich. Es hat die Erwartungen gerechtfertigt." Vor allem die des Westens.

Auch Schewardnadse erklärte vor dem 28. Parteitag am 4. Juli 1990 gegenüber Kritikern blauäugig, keine Zugeständnisse im Bereich der Sicherheit gemacht zu haben (Teltschik, S. 297). Zur Lage in Osteuropa meinte der Außenminister der abtretenden Supermacht, es sei unmöglich, sich in die inneren Angelegenheiten dieser Staaten einzumischen, selbst wenn die dortigen Entwicklungen nicht den sowjetischen Interessen entsprächen (ebendort). Vizeaußenminister Juli Kwizinski, zur Zeit von Kohls Goebbels-Vergleich heftig protestierender sowjetischer Botschafter in Bonn, befürwortete am 6. Juli in der Parteisektion für internationale Politik die deutsche Einheit, zu der es keine reale Alternative gegeben habe. Der Einigungsprozess der Deutschen sei unumkehrbar, genauso wie der sowjetische Truppenabzug aus Osteuropa (Teltschik, S. 304).

Die andere Supermacht dachte freilich nicht nur auf den Philippinen und in Panama an keinen Rückzug. Vielmehr erklärte ihr Präsident am parallel zum Sowjetparteitag stattfindenden NATO-Gipfeltreffen in London zur Begeisterung seiner Alliierten, die USA wollten eine europäische Macht bleiben, sowohl politisch und militärisch als auch wirtschaftlich. Die Grundlage dafür sei die Atlantische Allianz (Teltschik, S. 299).

Obwohl sich die Kräfteverhältnisse also unverkennbar verschoben, wurde Gorbatschow am 28. Parteitag Anfang Juli 1990 mit 3.411 gegen 1.116 Stimmen wieder zum Generalsekretär gewählte (B&T, S. 309) - unmittelbar, direkt und nicht wie bisher vom Zentralkomitee, was ihm noch eine größere Legitimität und Bewegungsfreiheit verlieh (Teltschik, S. 316). Allein das Viertel Gegenstimmen zeigt das Anwachsen seiner Gegner, der Radikalreformer wie der „Konservativen". Der russische Präsident Boris Jelzin erklärte am vorletzten Tag des Parteitages öffentlich seinen Ausritt aus der Partei und verließ den Saal.

Die sowjetische Hinhaltetaktik zur deutschen Wiedervereinigung verfing jetzt erst recht nicht mehr. Als Kohl im Anschluss an den 28. und letzten Parteitag der KPdSU am 14. Juli 1990 nach Moskau flog, hatte er den Sowjets bereits einen Kredit von 3 Mrd. $ und die Zahlung von 750 Mill. $ für den Abzug der sowjetischen Truppen aus Ostdeutschland zugesagt. Nun war Kohl bereit, die deutschen Streitkräfte auf eine Obergrenze von

400.000 Mann festzulegen. Darauf offerierte Gorbatschow im deutsch-sowjetischen Gipfelgespräch am 15. Juli, Schritte in Richtung auf eine „behutsame" Wiedervereinigung zu unternehmen, da ihm nach dem Parteitag niemand mehr Steine in den Weg legen könne (B&T, S. 314). In weiterer Folge sprach sich Gorbatschow von sich aus dafür aus, dass das ganze Deutschland Mitglied der NATO bleiben dürfe, und bedang sich nur die Berücksichtigung „für eine Übergangsperiode" aus, dass die NATO ihren Geltungsbereich nicht auf das DDR-Territorium übertragen dürfe, „solange dort noch sowjetische Truppen stationiert seien" (Teltschik, S. 324).

Offiziell erklärte Gorbatschow am 16. Juli 1990 bei einer gemeinsamen Pressekonferenz im Kaukasus (B&T, S. 315): „Ob wir es wollen oder nicht, die Zeit wird kommen, da ein vereinigtes Deutschland, falls es dies will, Mitglied der NATO sein wird." Im schwierigsten und brisantesten Thema der Nachkriegszeit hat die Sowjetunion kapituliert: Der Kalte Krieg war mit dem vollen Sieg der USA über die UdSSR und der Wiedervereinigung Deutschlands innerhalb der US-dominierten NATO am 3. Oktober 1990 zu Ende gegangen.

Im nachhinein wussten es natürlich die sowjetischen Experten. Nikolai Portugalow qualifizierte Gorbatschows Verhalten im Weißen Haus vom Mai und Juni 1990 als unbeholfen (B&T, S. 317): „Es war so amateurhaft und kam so unerwartet, dass wir alle vor den Kopf gestoßen waren. ... Wir hätten Kohl bitten können und müssen, einen militärischen Status für Deutschland zu akzeptieren, wie Frankreich ihn hat." Auch dem Amerikaner Robert Blackwill war entsetzt, wie viel unkontrollierter, ungenauer und weniger souverän Gorbatschows damaliges Auftreten im Vergleich zu dem in Malta war (B&T, S. 292). Valentin Falin bezeichnete Schewardnadse sogar als „den einflußreichsten Agenten der Amerikaner" (B&T, S. 317), Gorbatschow erwähnte er nicht. Waren die beiden sowjetische Führungsmänner am Ende der kommunistischen Ära zweite Roman Malinowskis, nur jetzt nicht im Solde der Ochrana, sondern der Eine im Dienst der CIA und der Andere im Dienst des SIS?

Alexander Bessmertnych, sowjetischer Botschafter in den USA und später Nachfolger Schewardnadses, sah die Entscheidung des sowjetischen Staatschefs als Meilenstein für sein Verhältnis zu den „konservativen" Kräften wohl zurecht so (ebendort): „Die Tatsache, dass er die NATO-Mitgliedschaft des vereinten Deutschland akzeptierte, war eine der meistgehaßten Entwicklungen in der Geschichte der sowjetischen

Außenpolitik, und sie wird es die nächsten Jahrzehnte auch bleiben." Nach dem Abtritt Gorbatschows und Kohls aus der aktiven Politik tauchten in der Boulevard-Presse anlässlich der Spenden-Affäre der deutschen CDU immerhin Gerüchte auf, denen zufolge reichlich dotierte Spenden an die „Gorbatschow-Stiftung" Gorbatschows problemlosem „Ja" zur deutschen Wiedervereinigung nachgeholfen hätten (Seinitz 1999).

17. Schwanengesang

Im Sommer 1990 beschlossen Bush und Baker insgeheim, intensivere Kontakte zu anderen gegenwärtigen und potentiellen sowjetischen Führungspersönlichkeiten aufzunehmen (B&T, S. 318 ff). Sie wollten nicht wie frühere Administrationen kritisiert werden, einen rechtzeitigen Kontakt mit der Opposition im Ausland versäumt zu haben - Gorbatschows Stern war damit endgültig im Sinken. Von der Kontaktaufnahme zu Vertretern der sowjetischen Reformer versprach man sich, den Druck auf Gorbatschow zu verstärken, „Reformen" durchzuführen, d.h. die sowjetische Positionen nach „chinesischer Wasserfolter"-Manier weiter zu schwächen. Von Gesprächen mit Verfechtern der Unabhängigkeit von Moskau erhofften sich Bush und Baker, vielleicht ein Gegengewicht zu den einflussreichen Hardlinern schaffen, die das Sowjetimperium um jeden Preis zusammenhalten wollten.

Als dann Baker seinen Amtskollegen Schewardnadse von diesem Vorhaben informierte, meinte letzterer zu recht, dass dies Gorbatschow als ein In den Rücken Fallen auffassen müsse. Wenn die Amerikaner ernsthaft mit Befürwortern einer Sezession verhandelten, würden „Konservative" wie der KGB darin den Beweis sehen, dass der CIA den Zusammenbruch der Sowjetunion betreibe. Allein etwas grundsätzlich Anderes hat George Bush im März 1985 auch nicht öffentlich angekündigt (B&T, S. 13).

Der Mohr hatte seine wesentliche Schuldigkeit getan, er konnte gehen. Wenn er aber noch eine Zeitlang blieb, konnte es dem Westen auch nur recht sein. Je schwächer Gorbatschow innenpolitisch wurde, umso mehr musste er außenpolitisch erpressbar sein und dem Westen entgegenkommen, um doch noch einige "Erfolge" zu Hause vorzeigen zu können. Als äußerliche Belohnung erhielt er noch den Friedensnobelpreis für 1990. Gorbatschow war mangels greifbarer Ergebnisse seiner Reformen beim eigenen Volk selbst äußerst unbeliebt und wegen der Aufgabe einer imperialen Position nach der anderen bei der sowjetischen Nomenklatura verhasst geworden. Als „Demokraten" war ihm die Unterstützung der Basis wie der Staatsklasse abhanden gekommen. Darunter litt zunehmend auch seine Autorität wie seine Selbstsicherheit, wie den Amerikanern spätestens seit dem Gipfel im Frühjahr 1990 deutlich vor Augen geführt worden war.

Dabei begann alles eigentlich ganz anders (Jelzin, S. 167-193): Ein machtbewusster und aufs innerparteiliche Protokoll achtender Gorbatschow konnte in den ersten Jahren seiner Regentschaft noch jederzeit mit der Disziplin des Politbüros und Zentralkomitees rechnen. Seinen Worten wurde gehorsam Beifall gezollt. „Gorbatschow hörte immer lieber sich selbst reden. Er liebt und versteht es, kunstvolle Reden zu halten. Man sah, dass die Macht von ihm Besitz ergriff und er das Gefühl für die Realität verlor. Er hatte die ungetrübte Illusion, die Perestroika entwickle sich wirklich in die Breite und in die Tiefe und erfasse die Massen und alle Gebiete der Sowjetunion. Das traf jedoch im wirklichen Leben nicht zu." (derselbe, S. 171).

Mag sich unter Breschnew eine Wirtschaftskrise abgezeichnet haben, so schlitterte Gorbatschow nun in eine rasch fortschreitende Partei- und Staatskrise bzw. provozierte sie sogar. Nachdem er mittels der Glasnost seine Macht im Politbüro, im ZK und im Parteiapparat festigte und seine Widersacher und Rivalen in Schach halten und teilweise ausbooten konnte, wuchs nun auch die Opposition in seiner eigenen Führungsriege und im Parteiapparat überhaupt. Als Antwort auf die Unmöglichkeit, noch weiterhin zwischen Reformern und „Orthodoxen" lavieren zu können, entmachtete Gorbatschow das Politbüro und das Zentralkomitee und fällte die großen Entscheidungen nur noch im kleinsten Kreis oder ganz allein (Biermann 1997).

Auf diese Weise suchte er die zunehmende Schar seiner Widersacher im „orthodoxen" Apparat, aber auch im Außenministerium, in der Internationalen Abteilung des ZK, im Verteidigungsministerium und im KGB zu neutralisieren. Dass Gorbatschow dies überhaupt noch ein Jahr lang vermochte, ist das eigentliche Wunder. Schon am 8. Juni 1990 gewann Margaret Thatcher bei ihrem Besuch in Moskau den Eindruck, dass Gorbatschow weiterhin Herr der Lage sei (Teltschik, S. 266). Nach wie vor war er selbstsicher und überschwänglich (derselbe, S. 276). Der Putsch vom August 1991 gegen „unseren Mann" kam aus sowjetischer Sicht um ein bis zwei Jahre zu spät und nachdem bereits alles verloren war. Dass der Umsturzversuch dann so dilettantisch verlief und scheiterte, stellt vollends die Quittung für das innerlich verrottete Sowjetsystem und sein demoralisiertes Führungskader dar.

Ohne in der Sache der UdSSR nur einen Schritt entgegenzukommen, konnten nun die Amerikaner zu weiteren Offensiven schreiten. Besondere Rücksichten mussten keine mehr genommen werden. Was immer auch kommen sollte, die „Reformen" ritten die Sowjetunion nur noch tiefer ins Schlamassel. Selbst ein „reaktionärer" Umsturz konnte das Erreichte nicht mehr infrage stellen. Das „Geschäft" war aufgegangen und nicht wieder umkehrbar. Auch wenn „unser Geschäftspartner" nicht mehr weiter gebraucht wurde, so schonte man ihn in „branchenüblicher" Manier wenigstens noch verbal, ja lobte ihn fernerhin entsprechend hoch. In der Sache konnten die USA über die kaum verhüllte Einladung an ihren bisherigen Verbündeten Irak gegen den fundamentalistischen Iran, Kuwait zu besetzen, Anfang August 1990 die arabischen Anrainer sosehr in Furcht versetzen, dass sie die Amerikaner einluden, das erdölreiche Südufer des Persischen Golfs militärisch zu „sichern". Den in die Falle gelockten Irak, einen alten Sowjetverbündeten, vermochte die knieweich gewordene Sowjetunion auch nicht mehr aus der Patsche zu helfen, ihr Sonderemissär Primakow wurde im Oktober 1990 kaum mehr ernst genommen (B&T, S. 361 ff).

In sämtlichen sowjetischen Republiken gewannen separatistische Kräfte Aufwind. Schon im Juli 1990 gelobten die drei baltischen Präsidenten nach einem Treffen mit Boris Jelzin, auf ihre völlige Unabhängigkeit von der Sowjetunion hinzuarbeiten. Die Ukraine erklärte ihre Souveränität. Die armenische Legislative lehnte ein Dekret Gorbatschows zur Waffenniederlegung bzw. Entwaffnung nationalistischer Gruppen ab. „Als Gegenleistung für all seine Zugeständnisse hatte der Westen dem Kremlchef so gut wie keine finanziellen Hilfen zugesagt, welche die wachsende Krise der Sowjetunion hätte lindern können" (B&T, S. 378).

Dem verzweifelten und im Regen stehen gelassenen Gorbatschow blieb nichts mehr anderes übrig, als sich dem „konservativen" Lager zu nähern: Ende November 1990 wies er seinen Verteidigungsminister Dimitri Jasow an, die sowjetischen Truppen vor einem „massiven Ausbruch" von Anfeindungen zu schützen und im Fernsehen die sowjetischen Truppen zu ermächtigen, sich „mit Waffengewalt" gegen Übergriffe der Nationalisten zu verteidigen (B&T, S. 379). Am 2. Dezember 1990 ersetzte er seinen gemäßigt progressiven Innenminister durch Boris Pugo, den ehemaligen KGB-Chef und Parteivorsitzenden in Lettland. Als dessen Stellvertreter ernannte er den Afghanistan-Veteranen General Boris Gromow, der schon beim Parteitag Anfang Juli 1990 Schewardnadse heftiger Kritik unterzog. Eine Woche später warnte der KGB-Chef Wladimir Krjutschkow im sowjetischen Fernsehen vor einem Zerfall der UdSSR und versprach, dass der KGB antikommunistische Kräfte im In- und Ausland mit aller Kraft bekämpfen werde (ebendort): „Sein oder nicht sein - das ist die Wahl, vor der unser großer Staat sich befindet." Jetzt erließ Gorbatschow ein Dekret, das reformorientierte Entscheidungen regionaler Regierungsorgane aufhob, welche die Verteilung von Lebensmitteln und anderen Gütern „unterbrochen" hatten.

Der Reformer Alexander Jakowlew erklärte öffentlich (B&T, S. 380): „Es ist eine Offensive konservativer und reaktionärer Kräfte im Gange, die rachesüchtig und gnadenlos vorgehen." Ein Kommentar der „Moscow News" meinte (ebendort): „Wir haben es mit einem schleichenden, militarisierten Coup zu tun - nicht militärischen, sondern militarisiert." Am 17. Dezember 1990 eröffnete Gorbatschow eine Sitzung des Kongresses der Volksdeputierten mit dem Eingeständnis (B&T, S. 386): „Wir haben das Ausmaß der Krise unserer Gesellschaft unterschätzt." Daher forderte er noch zusätzliche exekutive Macht zur Schaffung „einer starken Regierung, straffer Disziplin und Kontrolle über die praktische Umsetzung von Entscheidungen. ... Wenn wir dies nicht erreichen, wird unausweichlich Zwietracht auf uns kommen; finstere Mächte werden wüten, und unser Staat wird auseinanderbrechen" (ebendort). Auch Stalin hätte in der 1930er Jahren gegen die „Links- und Rechtsabweichler" keine anderen Formulierungen finden müssen. Allein, jetzt war es zu spät.

Vor demselben Volksdeputiertenkongress wehrte sich Boris Jelzin zwei Tage später am 19. Dezember (ebendort): „Russland wird einer Restauration des Kreml-Diktats nicht zustimmen." Schließlich ergriff Außenminister Eduard Schewardnadse am 20. Dezember 1990 vor den Volksdeputierten das Wort (B&T, S. 388): „Genossen Demokraten, im weitesten Sinne des Wortes, ihr habt euch zerstreut. Die Reformer haben sich verloren. ... Eine Diktatur ist im Anzug. ... Niemand weiß, welche Diktatur es sein wird und wer sie ausüben wird - was für eine Diktatur kommt und wie sein Regime aussehen wird." Zur allgemeinen Verblüffung trat er dann mit den Worten zurück (B&T, S. 388 f): „Ich möchte folgendes bekanntgeben: Ich stelle mein Amt zur Verfügung. Betrachten Sie dies ... als meinen Beitrag - oder wenn Sie wollen, als meinen Protest - gegen die herannahende Diktatur. Ich drücke Michail Sergejewitsch Gorbatschow meinen tiefsten Dank aus. Ich bin sein Freund. Ich bin sein Gesinnungsgenosse ... Aber ich glaube, es ist meine Pflicht, als Mensch, als Bürger, als Kommunist. Ich kann mich mit den Entwicklungen in unserem Lande und den Prüfungen, die unser Volk erwarten, nicht abfinden."

Wie ernst es Gorbatschow mit dem Kurswechsel war, stellte KGB-Chef Krjutschkow am 22. Dezember 1990 klar, indem er die Sowjetbürger warnte, sie müssten sich darauf einstellen, dass es bei den Maßnahmen zur „Wiederherstellung der Ordnung" in den Republiken zu „Blutvergießen" kommen könne (B&T, S. 390). Der Volksdeputiertenkongress bewilligte Gorbatschow fast alle den von ihm beantragten Vollmachten und bestimmte den überzeugten Kommunisten Gennadi Janajew zum Vizepräsidenten der Sowjetunion. Am 2. Januar 1991 besetzten Truppen des sowjetischen Innenministeriums in Vilnius die Gebäude des litauischen ZK der Kommunistischen Partei und in Lettland die Redaktionsbüros und wichtige Druckereien als Eigentum der sowjetischen Zentralbehörden. Der sowjetische Militärkommandeur im Baltikum informierte die Regierungschefs aller drei Republiken darüber, dass Moskau Eliteeinheiten der Fallschirmverbände entsandt habe, um den Wehrpflichtgesetzen Geltung zu verschaffen und Deserteure dingfest zu machen (B&T, S. 393 f).

Am 11. Januar 1991 marschierten sowjetische Fallschirmtruppen in Vilnius zur wichtigsten Druckerei Litauens, um sie zu besetzen (B&T, S. 400 f). Als sich Protestierende um das Gebäude versammelten versuchten, feuerten die Truppen in die Menge. Nachdem diese noch zwei Polizeischulen und das Innenministerium besetzten, rückten sie vor den Fernsehturm. Zu seinem Schutz und zu dem des Parlamentes umringten hunderte litauische Bürger die Gebäude und hielten bis in die Nacht Bürgerwache. Am Morgen des nächsten Tages griffen die Truppen den Fernsehturm an, danach zählte man 15 Tote und hunderte Verwundete. Der reformerische Vizebürgermeister von Moskau Sergej Stankewitsch bezeichnete das militärische Durchgreifen in Vilnius als „den härtesten Schlag gegen die Perestroika seit deren Beginn", als „eine Katastrophe für alles, was wir in den letzten fünf Jahren erreicht haben" und als Beweis dafür, dass Gorbatschow eine „systematische Diktatur" anstrebe (B&T, S. 402).

Boris Jelzin flog nach Tallin, um mit den baltischen Präsidenten einen „Pakt zur gegenseitigen Unterstützung" zu unterzeichnen, und warnte vor einem möglicherweise bevorstehenden „Befehl gegen rechtmäßig entstandene staatliche Einrichtungen und gegen eine friedliche Zivilbevölkerung vorzugehen, die nur ihre demokratischen Errungenschaften verteidigt" (B&T, S. 404). Als Gorbatschow dies hörte, war er wie vom Schlag getroffen und schrie (ebendort): „Dieser Hundesohn! Was soll ich nur mit ihm machen?" In der Öffentlichkeit leugnete er freilich mit gewundenen Erklärungen jegliche persönliche Erklärung für das Blutbad, bekräftige aber nochmals die Notwendigkeit einer Militärintervention (B&T, S. 406).

Die Verantwortung schob Gorbatschow Landsbergis und den baltischen Nationalisten zu, die „über Nacht einen Anschlag auf die Verfassung" verübt hätten (B&T, S. 407). Unnachgiebig fand er eine friedliche Lösung schwierig, „solange die Republik von solchen Leuten geführt wird" (ebendort). Die Witwe des am 19. Dezember 1986 aus der Verbannung entlassenen Friedensnobelpreisträgers Andrej Sacharow, Jelena Bonner, ersuchte, den Namen ihres Mannes aus den Listen der Friedensnobelpreisträger zu streichen, auf denen auch der Name Gorbatschow stünde (ebendort).

Als endlich die Golfkrise unter dem Decknamen „Operation Wüstensturm" am 16. Januar 1991 zum Schießkrieg wurde, atmete Gorbatschow in der eilig einberufenen Sitzung seines nationalen Sicherheitsrates sichtlich auf (B&T, S. 413). Die internationale Krisenstimmung lenkte von seinem Konflikt mit den baltischen Staaten ab und gab ihm die Gelegenheit, reinen Tisch zu machen. Auch die Amerikaner waren froh, dass die Sowjets mit sich selbst beschäftigt waren und die USA mit der „Bestrafung" des „zweiten Hitler", Saddam Hussein, weitgehend in Ruhe ließen. Tatsächlich schossen sich nun am Abend des 18. Januar 1991 in Riga die Truppen des Innenministeriums des früheren „zweiten Goebbels" den Weg ins lettische Innenministerium frei. Ergebnis: 5 Tote. Der stellvertretende lettische Ministerpräsident Ilmars Bisers verkündete (B&T, S. 415): „Der Bürgerkrieg hat begonnen."

18. Im Kampf gegen die „Konterrevolution"

Es war durchaus mit allen Konsequenzen ernst zunehmen, wenn Gorbatschow im ZK am 12.1.1988 erklärte (Wettig 1988): „Wir haben unsere Wahl getroffen und werden auf dem Weg weitergehen, den wir 1917 begonnen haben." Was dies bedeutet, hat schon Lenin seinem Volkskommissar für Justiz, Steinberg, eingeschärft (Wolkogonow 1996, S. 190): „Glauben Sie denn wirklich, dass wir ohne grausamen Terror als Sieger aus der Revolution hervorgehen können?" Seine Auffassung, dass der rücksichtslose Terror mit „eiserner Hand" durchzuführen sei, erhob er rasch zur praktischen Linie der Bolschewiki (ebendort).

Schon im Sommer 1916 legte Lenin in seinem Schlüsselwerk "Das Kriegsprogramm der proletarischen Revolution" kategorisch fest (Wolkogonow 1996, S. 207): „Auch Bürgerkriege sind Kriege. Wer den Klassenkampf anerkennt, wird nicht umhin können, dasselbe mit Bürgerkriegen zu tun, die eine natürliche, unter bestimmten Umständen unvermeidliche Fortsetzung, Entwicklung und Verschärfung des Klassenkampfes sind." Als es dann soweit war, hatte er auch die typische apologetische Entschuldigung dafür parat (ebendort): „Im Grunde genommen ist es der Weltimperialismus, der den Bürgerkrieg bei uns verursacht hat und an seiner Fortdauer schuld ist." Seitdem hielten sich alle Lenin-Adepten an diese Vorgehensweise.

Zum Umgang mit seinen innenpolitischen Feinden griff Lenin sogar noch unter die Gürtellinie des „Untermenschentums" (Wolkogonow 1996, S. 208): Man müsse sich „einem allgemeinen Ziel widmen, der Säuberung russischer Erde von allen schädlichen Insekten, spitzbübischen Flöhen, reichen Wanzen und so weiter. An einem Ort verhaftet man zehn Reiche, ein Dutzend Flöhe und ein halbes Dutzend Arbeiter, die sich von der Arbeit drücken ... An einem anderen bringt man sie dazu, die Sortiermaschinen zu reinigen. An einem dritten versieht man diese schädlichen Menschen während der Verbüßung ihrer Strafe mit gelben Ausweisen, damit das ganze Volk bis zu ihrer Besserung ein wachsames Auge auf sie hat. An einem vierten Platz erschießt man standrechtlich einen von zehn, die sich des Schmarotzertums schuldig gemacht haben. An einem fünften ...". Vorschläge gab es also für Gorbatschow genug.

Der Revolutionsführer konnten auch konkret werden, so am 29. August 1918 (Wolkogonow 1996, S. 211): „Ich bin entrüstet, dass es von euch noch keine konkreten Stellungnahme gibt, welche wirksamen Maßnahmen ihr ergriffen habt, um den Kulakenaufstand in den fünf Amtsbezirken niederzuschlagen und das Getreide zu konfiszieren. Eure Untätigkeit ist sträflich." Die Kommunisten waren sich durchaus im klaren darüber, was gemeint war, hat es ihr Chef ihnen doch am 22. August 1918 dezidiert erklärt (ebendort): „Vorläufig empfehle ich, unsere Befehlshaber zu ernennen und die Verschwörer und Überläufer zu erschießen, und zwar ohne zu fragen oder den Amtsschimmel zu bemühen."

Ein ähnlich „unbürokratisches" Vorgehen hätte auch im Januar 1991 blühen können. Ordnete doch Lenin als Ikone des Kommunismus in ähnlichen Fällen an (ebendort): „Mobilisiert alle Kräfte, um die astrachanischen Spekulanten und korrupten Individuen zu erschießen. Diesem Gesindel muss ein Denkzettel verpaßt werden, an den sie noch jahrelang erinnert werden." Mögen darauf manche weich gewordene Kreise im „dekadenten Westen" vergessen haben, zu denen aber in der Regel weder amerikanische Republikaner noch britische Konservative oder deutsche Christdemokraten zu zählen sind, so vergaß jedenfalls das dem Sowjetjoch unterworfene „Gesindel" die leninistischen „Denkzettel" bestimmt nicht.

Bislang galt es für einen Kommunisten nach Lenin sogar als „Nachlässigkeit", nicht entschieden genug durchzugreifen (Wolkogonow 1996, S. 212): „Es ist der Gipfel der Nachlässigkeit, dass sich die Niederschlagung des Kosakenaufstands so in die Länge zieht ... Um jeden Preis muss das Mittel der Exekution forciert Anwendung finden ... Wenn sie absolut davon überzeugt sind, nicht genug Kräfte für eine grausame und erbarmungslose Abrechnung zu haben, telegraphieren Sie mir unverzüglich und detailliert." Lenins Epigone Gorbatschow schien zu Jahreswende 1990 auf 1991 grimmig entschlossen.

Sogar an die Adresse des schon genug brutalen Kriegskommissars Trotzki konnte sich Lenin im September 1918 alterieren (ebendort): „Ich bin erstaunt und beunruhigt über die Verzögerung der Operation gegen Kasan ... Meiner Meinung nach darf man die Städte nicht verschonen und weiter zögern, sondern muss sie erbarmungslos vernichten." Wilna hätte im Januar 1991 das Schicksal Bakus ereilen können, für das Lenin am 3. Juni 1918 im Fall des Falles vorsah (ebendort): „Übermitteln Sie Ter bitte nochmals, dass er alle Vorkehrungen trifft, um Baku im Falle einer Invasion vollständig niederzubrennen, und dass er dies in der Stadt öffentlich bekanntgibt."

Wurde erbarmungslos vorgegangen, konnte der Kommunistenführer auch loben (Wolkogonow 1996, S. 252): „Ich begrüße die energische Unterwerfung der Kulaken und Weißgardisten in Ihrem Kreis. Man muss das Eisen schmieden, solange es heiß ist. Wir dürfen keine Zeit verlieren. Man muss die Armen im Kreis organisieren, das ganze Getreide und den gesamten Besitz der aufständischen Kulaken konfiszieren und die Aufwiegler unter den Großbauern aufhängen. Wichtig ist, die Armen unter Führung zuverlässiger Leute aus unseren Reihen zu mobilisieren und zu bewaffnen. Darüber hinaus sind Reiche als Geiseln zu nehmen."

Um nur keine Nachlässigkeiten einreißen zu lassen, empfahl Lenin am 30. August 1918 seinem Oberkommandierenden Trotzki das Vorbild der Französischen Revolution (Wolkogonow 1996, S. 213), „... auch den Befehlshaber der Armee und die höheren Kommandeure vor Gericht stellen und sogar erschießen lassen, falls sich die Gefechte in die Länge ziehen und nicht erfolgreich verlaufen". Allein ein wahrer Kommunist wie Trotzki dachte mit und konnte Lenin beruhigen (Wolkogonow 1996, S. 214): „Um die verhängnisvolle Instabilität zu beseitigen, brauchen wir starke Sperrabteilungen von Kommunisten und bewaffneten Arbeitern. Man muss sie zwingen zu kämpfen. Wenn wir warten, bis der Muschik etwas wittert, wird es wahrscheinlich zu spät sein." Lenin stimmte dem in seiner Antwort zu und gab zu bedenken (ebendort): „Natürlich, das ist schon richtig, nur befürchte ich, dass auch die Sperrabteilungen die erforderliche Härte nicht an den Tag legen werden. Der russische Mensch ist gutmütig. Er ist nicht geeignet für die resoluten Maßnahmen des revolutionären Terrors."

Um es allen auch offiziell deutlich zu machen, zitierte Lenin im April 1919 vor dem Plenum des Zentralrates der Gewerkschaften den Artikel 23 der Konstitution der RSFSR (Wolkogonow 1996, S. 216): „Da in der RSFSR die Interessen der gesamten Arbeiterklasse an erster Stelle stehen, entzieht sie einzelnen Personen und einzelnen Gruppen die Rechte, wenn diese von ihnen zum Schaden der sozialistischen Revolution mißbraucht werden." Unmissverständlich wird darin das Prinzip der „Diktatur des Proletariats" klar gemacht: Das Proletariat (die Arbeiterklasse) führt das Volk, die Vorhut der Arbeiterklasse (die Partei) führt das Proletariat, und das Politbüro führt die Partei. Wer sich dagegen stellt, steht als „Klassenfeind" an der Wand.

Ende 1990 war es bei Gorbatschow wohl soweit, sich daran zu erinnern, dass auch Lenin schon über sein eigenes Regime meinte, „... unsere Staatsmacht ist viel zu sanft und ähnelt eher einer Schüssel Brei als einem

Stück Eisen" (Wolkogonow 1996, S. 250). Lenin konnte höhnen (ebendort): „Was ist denn das für eine große Revolution, wenn wir nicht einmal fähig sind, die weißgardistischen Saboteure zu erschießen." Kein Sowjetführer wird wohl je den Beschluss des Rates der Volkskommissare vom 5. September 1918 „Über den roten Terror" außer Augen verloren haben (Wolkogonow 1996, S. 251):

„Nachdem der Rat der Volkskommissare ein Referat des Vorsitzenden (Dscherschinski) des Allrussischen Außerordentlichen Kommission (Tscheka) zum Kampf gegen die Konterrevolution, die Spekulation und den Amtsmissbrauch gehört hat, beschließt es folgendes: In der gegebenen Situation ist es unbedingt erforderlich, das Hinterland durch den Terror zu sichern. Zur Intensivierung der Tätigkeit und zur Sicherstellung eines planmäßigen Vorgehens der Allrussischen Außerordentlichen Kommission zum Kampf gegen die Konterrevolution, die Spekulation und den Amtsmissbrauch ist es unumgänglich, möglichst viele Parteigenossen in diese Kommission zu entsenden. Zum Schutz der Sowjetrepublik vor Klassenfeinden werden diese in Konzentrationslagern isoliert. Personen, die an weißgardistischen Organisationen, Verschwörungen und Rebellionen beteiligt sind, werden erschossen."

Kein Leninist wie Gorbatschow durfte vergessen, was Lenin „Zur Geschichte der Diktatur" im November 1920 in der Zeitschrift „Kommunistische Internationale" zur breiten Veröffentlichung schrieb (Wolkogonow 1996, S. 254): „Wer nicht begriffen hat, dass die Diktatur jedweder revolutionärer Klassen für deren Sieg von entscheidender Bedeutung ist, hat nichts von der Revolutionsgeschichte verstanden." Jemand, der sich berühmte, immer wieder Lenin zu lesen, musste die Belehrung seines Mentors verinnerlicht haben. Lenin als Säulenheiliger der Menschheitsbefreiung brachte den Begriff der Diktatur auf den einfachen Nenner (ebendort): „Diktatur bedeutet - nehmen Sie dies ein für allemal zur Kenntnis - grenzenlose Macht, die auf der Gewalt und nicht auf dem Gesetz basiert." Zwölfeinhalb Jahre vor Hitlers Machtergreifung definierte Lenin (ebendort): „Die grenzenlose, keinem Gesetz untergeordnete, absolute Macht - das ist die wahre Diktatur." Jeder Generalsekretär der KPdSU musste Lenins theoretische Ergüsse kennen (ebendort): „Vom wissenschaftlichen Standpunkt aus bedeutet Diktatur nichts anderes als die durch nichts eingedämmte, weder durch Gesetze noch durch allgemeine Regeln beschränkte, unmittelbar auf der Gewalt basierende Macht."

19. Ein guter Kommunist ist zugleich auch ein guter Tschekist

Haben die Sowjets zu Beginn der Revolution unliebsame Intellektuelle noch teilweise ins Ausland abgeschoben (wie später noch u.a. auch Solschenizyn), so forderte Lenin bei der Ausarbeitung des neuen Strafgesetzbuches für die RSFSR vom Volkskommissar für Justiz 1922 ohne lange Umschweife (Wolkogonow 1996, S. 255): „Genosse Kurski! Meiner Meinung nach muss man den Einsatz von Erschießungen (als Ersatz für die Verbannung ins Ausland) verstärken." Dann präsierte der menschenfreundliche Revolutionsführer Lenin nochmals (Wolkogonow 1996, S. 256): „Das Gericht darf den Terror nicht abschaffen; dies zu versprechen, wäre eine Täuschung bzw. Selbstbetrug. Er muss vielmehr prinzipiell gesetzlich verankert werden, und zwar ohne Heuchelei oder Schönfärberei. Bei der Ausformulierung muss die Möglichkeit einer breiten Auslegung gewahrt bleiben, da im konkreten Fall nur das revolutionäre Rechtsbewußtsein und das revolutionäre Gewissen die letzte Entscheidung treffen können."

Der Jurist Lenin präsierte sogar noch eigenhändig folgenden Artikel (ebendort): „Propaganda beziehungsweise Agitation für oder Mitgliedschaft beziehungsweise Mitarbeit bei Organisationen, die für jenen Teil der internationalen Bourgeoisie unterstützend tätig sind, der die Gleichberechtigung des kommunistischen Eigentumssystems nicht anerkennt oder dessen gewaltsamen Sturz anstrebt, sei es durch Intervention, Blockade, Spionage, finanziellen Druck oder ähnliche Mittel, werden mit der Höchststrafe geahndet. Im Falle mildernder Umstände kann diese durch Freiheitsentzug oder Ausweisung ersetzt werden." Im Strafgesetzbuch der RSFSR wurde Lenins Entwurf dann modifiziert im Abschnitt „Konterrevolutionäre Verbrechen" berücksichtigt. Die sowjetische Höchststrafe war bis zuletzt der Tod.

Nachdem die im Dezember 1917 gegründete Tscheka schon bald auf ausdrücklichen Antrag Lenin das Recht zur außergerichtlichen Bestrafung und die Vollmacht erhielt, Verhaftungen vorzunehmen, Untersuchungen durchzuführen, Urteile auszusprechen und diese auch zu vollstrecken, ruhte Lenin immer noch nicht. Unter seinem Vorsitz verabschiedete das Politbüro am 14. März 1921 die Resolution „zur Erweiterung der Rechte der Tscheka in bezug auf die Verhängung des höchsten Strafmaßes" (Wolkogonow 1996, S. 257).

Häufig nahmen Entscheidungen des leninistischen Politbüros Gerichtsurteile vorweg (Wolkogonow 1996, S. 258): „Das mittelasiatische Büro wird angewiesen, die Rädelsführer der Basmatschen auf jeden Fall in Haft zu behalten und zur Verhängung der Höchststrafe unverzüglich dem Revolutionstribunal zu überstellen." Nun droht zu Beginn des Jahres 1991, dass sich das gorbatschowsche Politbüro solchen Vorbildern anschloss. Sollte sich nicht auch sein Schüler ähnlich wie Lenin sogar um Verhaftungsdetails kümmern (ebendort): „Genosse Dscherschinski! ... Halten sie es nicht für sinnvoll, die Verhaftungen im Rayonskomitee nachts vorzunehmen?" Es bedurfte keines Stalins, schon der geliebte Revolutionsführer sorgte sich um operativ-technische Einzelheiten (ebendort): „Beobachtungen und Überwachungen müssen vervollkommnet werden (besondere Trennwände, Holzverschläge oder Umkleidekabinen, Blitzdurchsuchungen, Systeme zur doppelten und dreifachen Sofortüberprüfung nach allen Regeln ermittlungstechnischer Kunst usw.)."

Als „Schwert der Revolution" entwickelte sich die Tscheka zur wichtigsten Macht im Staate und zum Staat im Staate. Nach dem stellvertretenden Generalstaatsanwalt Nikolaj Wasiljewitsch Krylenko verwandelte sich die Tscheka bereits 1923 in ein Volkskommissariat, das „schrecklich in der Erbarmungslosigkeit seiner Repressionen und in seiner konspirativen Struktur für einen Außenstehenden völlig undurchschaubar" geworden war (Wolkogonow 1996, S. 256). Gegen den Versuch, die repressive Tätigkeit der Tscheka unter die Kontrolle des Volkskommissariats für Justiz zu bringen, protestierte Lenins Leiter des „Schwertes der Revolution" Dscherschinski (ebendort): „Wenn die Tscheka unter die Aufsicht des Volkskommissariats für Justiz gestellt wird, bedeutet dies für uns nicht nur einen enormen Prestigeverlust, sondern vermindert auch unsere Autorität im Kampf gegen das Verbrechen und bestätigt zudem das ganze weißgardistische Geschwätz über unsere 'Willkür' ... Es handelt sich hier nicht um einen Akt der Kontrolle, sondern um einen Akt der Diskreditierung der Tscheka und ihrer Organe ... Die Tscheka untersteht der Kontrolle der Partei." Damit blieb es auch nach ihren diversen Umbenennungen. Die Truppen des gorbatschowschen Innenministeriums unterstanden gleichermaßen weiterhin der Kontrolle der Partei und ihres Generalsekretärs.

Doch selbst wenn sich Gorbatschow zu Beginn 1991 entschließen sollte, die baltischen und andere „Konterrevolutionäre" sowjetischen Gerichten zu überantworten, so versprach dies nach seinem Vorbild Lenin nicht etwa ein Vorgehen mit Samthandschuhen. Sergej Kobjanow, ein Verteidiger im

Revolutionstribunal, schrieb schon 1922 (Wolkogonow 1996, S. 261), dass dessen „Urteile weder durch Kassation noch durch Appellation angefochten werden konnten. Das Urteil wurde von niemandem bestätigt und musste innerhalb von 24 Stunden vollstreckt werden." Nach dem im Archiv der Sowjetarmee erhaltenen Bericht des Vertreters des Kriegskollegium des Obersten Tribunals Sorokin an Trotzki wurden 1921 allein 4.337 Angehörige der Roten Armee exekutiert (ebendort). Dies geschah zu einem Zeitpunkt, als sie „Roten" den Sieg über die „Weißen" bereits davongetragen hatten. Die Urteile der Revolutionstribunale über die „Klassenfeinde" und Ausbeuter müssen diese Zahl bei weitem übertroffen haben.

Wenn sich die Generalsekretäre der KPdSU selbst um Prozesse kümmerten, entsprach dies „guter" leninistischer Tradition. Lenin beantragte zum Beispiel auf der Politbürositzung vom 27. August 1921 höchstselbst (Wolkogonow 1996, S. 261 f), gegen Baron Ungern „gemeinsame Anklage zu erheben und, falls die Beweislage dies zuläßt, woran kein Zweifel bestehen dürfte, eine öffentliche Gerichtsverhandlung abzuhalten, die so rasch wie möglich zur Urteilsverkündung kommen muß. Danach soll er umgehend erschossen werden." Wenn nicht erst der „böse" Stalin solche Schauprozesse anordnete, sondern auch schon der „gute" vielgelesene Lenin, wäre ähnliches auch von seinem Adepten Gorbatschow zu erwarten gewesen.

Nicht erst zu Stalins Zeit konnten Tschekisten selbst erklären (Wolkogonow 1996, S. 262): „Sobald ein Kommunist für das Straforgan arbeitet, hört er auf, Mensch zu sein und verwandelt sich in einen Automaten ... Er darf weder seine Ansichten äußern noch über seine Nöte klagen, weil darauf die Todesstrafe steht." Auch Gorbatschow war Kommunist und kämpfte für das Überleben des Kommunismus wie das der Sowjetunion. Sollte er auf das bewährteste Kampfmittel der Kommunisten verzichten, ihre unbedingte Disziplin?

Schon Ganetzki-Fürstenberg schlug Lenin vor, die Einheit von Tscheka und Partei noch weiter auszubauen und (ebendort) „eine möglichst enge Verbindung von Parteiorganisationen und Außerordentlichen Kommissionen herzustellen ... Man muss alle Parteimitglieder, die verantwortungsvolle Posten bekleiden, verpflichten, der Außerordentlichen Kommissionen sämtliche Informationen mitzuteilen, die ihnen auf privatem wie offiziellem Wege zukommen und für den Kampf gegen die Konterrevolution interessant sein könnten." Damit hatte Fürstenberg, der zur ausgleichenden Gerechtigkeit später einmal selbst Opfer des von ihm favorisierten Revolutionsschwertes werden sollte, bei seinem Freund Lenin ins Schwarze getroffen, der dann den berühmten Satz prägte (Wolkogonow 1996, S. 263): „Ein guter Kommunist ist zugleich auch ein guter Tschekist." Der KPdSU-Chef Gorbatschow wollte ein besonders guter Kommunist sein, las immer wieder Lenin und fühlte sich berufen, den Kommunismus zu reformieren.

Im Bürgerkrieg zogen es die Bolschewiken noch vor, sich ihrer Feinde durch Erschießen zu entledigen. Mit dem Sieg im Bürgerkrieg begannen sie, Konterrevolutionäre, „Terroristen" und „Saboteure", die den Krieg überlebt hatten, in Konzentrationslager zu verbringen. So wurde auf der Politbürositzung vom 20. April 1921 unter dem Vorsitz Lenins der Beschluss gefasst, ein solches Lager mit einer Kapazität von 10.000 bis 20.000 Menschen im Rayon Uchta zu errichten. Bereits eine Woche später schlug Dscherschinski dem höchsten Parteigremium vor, „die verbrecherischen Kronstädter Matrosen in der Strafkolonie von Uchta anzusiedeln" (ebendort). Dann schlug die Tscheka vor, ein weiteres Lager in Cholmogory zu errichten, und so ging es weiter, bis die ganze UdSSR mit dem System des GULAG überzogen war. In der Unmenge von Lagern vegetierten über sieben Jahrzehnte Millionen Menschen – 1991 waren jene noch durchaus bereit, neue Insassen aufzunehmen.

Schon Lenin definierte die Aufgabe der politischen Polizei (Sinjawski, S. 101): „Die Tscheka verwirklicht unmittelbar die Diktatur des Proletariats." Stalin brauchte hinsichtlich der Deportationen nur das Vorbild seines Rivalen Trotzki fortzusetzen: Im Zuge der Abrechnung mit den Donkosaken starben Tausende der Deportierten, vor allem Frauen und Kinder, bevor sie ihre Lager erreichten. Auch die späteren Marschrouten nahm Trotzki bereits im August 1920 vorweg (Wolkogonow 1996, S. 264): „Ich schlage vor, im Kubangebiet im Namen der Regierung bekanntzugeben, dass die der Unterstützung Wrangels überführten Familien nach Transbaikalien verbannt werden ... Ich bitte mir mitzuteilen, ob es dagegen Einwände gibt." Es gab keine.

Gegen ähnliche Pläne Gorbatschows hätte sich nach dem Rückzug Schewardnadses auch 1991 im Politbüro kein ernsthafter Widerspruch erhoben. Kritikern hätte er mit Lenin bestens antworten können (Wolkogonow 1996, S. 265): „Mögen die Schoßhunde der bürgerlichen Gesellschaft, von Bjelorussow bis Martow, nur winseln und kläffen wegen jedes Spans, der beim Abholzen eines großen, alten Waldes anfällt."

20. Cui bono - Wem nützte die Perestroika?

Jetzt 1991 zum letzten Mal oder nie wieder hätte Gorbatschow den Golfkrieg - wie 1956 Nikita Chruschtschow die Suez-Krise zur Niederschlagung des ungarischen Aufstandes - benützen können, um aus eigener Kraft wenigstens das engere Sowjetreich zu retten. Dazu hätte es nur eines bedurft: einer inneren Souveränität. Doch nun zeigte sich, dass Gorbatschow sie nicht oder nicht mehr besaß. Er war eben doch kein „zweiter Goebbels", sondern „unser Mann". Die chinesischen Kommunisten waren aus anderem Holz geschnitzt - und gehörten der alten Revolutions- oder der ersten Funktionärsgeneration an -, als im Juni 1989 für sie die Stunde der Wahrheit schlug, und sie am Tienanmen-Platz ohne Rücksicht auf die öffentliche Meinung der Welt mit Gewalt die Demokratiebewegung niederschlugen. Für die „chinesische Wasserfolter" der Amerikaner waren die Rotchinesen unempfänglich. Im Gegensatz zur Sowjetunion stand für sie nicht einmal die Integrität ihres Reichsgebietes auf dem Spiel. Schon wenig später buhlte wieder die Geschäftswelt wie die Politik um sie als Partner eines, allerdings nicht einseitigen „Geschäftes".

Aus für einen naiven Außenstehenden unerfindlichen Gründen blieb Gorbatschow im Januar 1991 auf halbem Wege stehen und pfiff sein Militär wieder zurück. Höchst merkwürdig für einen Mann, der auf der Politbürositzung vom 15. Oktober 1987 Lenins Entscheidung für die sozialistische Revolution noch als „genial" bezeichnet hatte (Wolkogonow 1996, S. 537). Für die eitle Hoffnung, wieder seine Lieblingsrolle als Friedensstifter und Staatsmann von Weltformat aufnehmen zu können, setzte er sich zwischen alle Stühle. Die Ablenkung seiner außenpolitischen Rivalen nützte er nicht mehr weiter, um sein eigenes Imperium zu stabilisieren.

Reichlich kryptisch, merkwürdig esoterisch und sonderbar unpolitisch klingt die offiziöse Version von Beschloss und Talbot (S. 420): „Die ungelöste Krise in den baltischen Staaten war zu einem Symbol für den Konflikt geworden, der in der ganzen Sowjetunion tobte - und in Gorbatschow selbst. Es ging um die Kluft zwischen den Kräften des Zentrums und der Unabhängigkeitsbewegungen, zwischen den Kräften, die Repressionen verlangten, und jenen, die eine Fortsetzung der Reformen befürworteten." Als ob eine souveräne Großmacht sein Überleben von der guten Presse im Ausland abhängig machen dürfte, zumal wenn ihr Führungsmann nach eigenem Zeugnis „wieder und immer wieder Lenin las" (Gorbatschow wie erwähnt 1986 im „Kommunist"). Mit einem ähnlichen Zurückschrecken vor Repressionen hätte Abraham Lincoln die Sezession der Konföderierten jedenfalls nicht verhindert.

Richtig ist freilich die offiziöse Analyse (B&T, S. 420): „Indem Gorbatschow Pugo und den Militärs die Anwendung von Gewalt gestattete, hatte er viele Demokraten und Nationalisten dazu veranlasst, sich von ihm abzuwenden. Als er dann die Hardliner davon abhielt, ihr in Vilnius begonnenes Werk zu vollenden, brüskierte er auch die Konservativen. Im Januar 1991 behauptete er zwar noch seine Stellung im Zentrum zwischen den Reformern und den Konservativen, doch er geriet zunehmend in die Isolation, sodass seine Lage immer prekärer wurde." Dies bedarf keines Kommentars. Ein Spitzenpolitiker, dessen Gewieftheit ihm schon zum Titel eines „zweiten Goebbels" verhalf, wird sich nicht freiwillig in eine solch unhaltbare Position manövrieren und dann noch darin verharren. Nur ein Narr - oder ein Ferngesteuerter, Erpresster bzw. Bestochener - wäre dazu bereit.

Als Dreh- und Angelpunkt seiner Strategie, die Sowjetunion doch noch zusammenhalten zu können, setzte Gorbatschow zuletzt auf ein Referendum: Am 17. März 1991 sollte das sowjetische Volk dem Weiterbestehen der Sowjetunion „als neuer Föderation gleichberechtigter, souveräner Republiken, in denen die Menschenrechte und die Freiheit aller Nationalitäten vollständig garantiert werden", zustimmen (B&T, S. 460). Da aber der wohl nicht unberechtigte Eindruck entstand, er wolle keine wirkliche neue Föderation schaffen, sondern nur die alte Union und die Vormachtstellung des Zentrums gegenüber den 15 Republiken bestätigen lassen, kündigten Estland, Lettland, Litauen, Moldawien, Armenien und Georgien an, das Referendum mit der Begründung zu boykottieren, nicht die Erlaubnis Moskaus einholen zu müssen, um ihren eigenen Weg zu gehen. Erst in letzter Minute ließ sich der russische Präsident Jelzin von der öffentlichen Ankündigung abhalten, mit „Nein" zu stimmen. Nur mit knapper Not entschied sich eine Mehrheit für Gorbatschows Referendum - angesichts der massiven Propaganda der Zentralregierung und der schwammigen Formulierung des Referendumstextes ein nicht gerade überzeugendes Mandat für den Unionspräsidenten (B&T, S. 464).

Condolezza Rice, Mitarbeiterin im Nationalen Sicherheitsrat der USA und später Nationale Sicherheitsberaterin unter George W. Bush II., dem Sohn des in dieser Arbeit relevanten US-Präsidenten, schrieb während des (zweiten) Golfkrieges ihrem Präsidenten Bush I.., Gorbatschow sei vermutlich der unbeliebteste Mann in der Sowjetunion, dennoch hielt er nach wie vor das politische System zusammen, das vom Zusammenbruch bedroht sei. Bush bestätigte dies mit den Worten (B&T, S. 454): „Er ist immer noch alles, was wir haben." Botschafter Matlock empfahl daher Washington, die Regierung solle sich beide warmhalten, Gorbatschow und Jelzin (B&T, S. 456). In der Frage amerikanischer Wirtschaftshilfe meinte Bush: (B&T, S. 495): „Ich glaube, wir sollten abwarten, bis sich die Situation geklärt hat." Jelzins Außenminister Andrej Kosyrew bestärkte diese Haltung sogar im amerikanischen Außenministerium: (B&T, S. 494): „Jeder Betrag, den Sie dem Zentrum geben, ist nicht nur verschwendet - schlimmer noch, es wird dazu dienen, ein System am Leben zu erhalten, das besser untergehen sollte". Die 33 Mrd. $ deutscher Wirtschaftshilfe an die Sowjetunion seit 1989 hätte dem bestehenden System ein weiteres Lebensjahr gesichert.

Einer solchen Argumentation konnte die amerikanische Regierung bei der Errichtung der „Neuen Weltordnung" ihrer Universalhegemonie nicht ignorieren. Gorbatschow war im Grunde keine Investition mehr wert. Als der neue sowjetische Botschafter in Washington, Viktor Komplektow, vor einer zu erwartenden Hungersnot in der Sowjetunion warnte, und Gorbatschow den amerikanischen Präsidenten aufgrund dessen geringer Hilfebereitschaft geradezu beschuldigte, er drücke sich vor einer Unterstützung der Perestroika, meinte Bush im inneren Kreis Ende April 1991 (B&T, S. 496): „Der Junge begreift es scheinbar nicht. Offenbar glaubt er, dass wir ihm Wirtschaftshilfe *schulden*, weil wir ihn politisch unterstützen. Wir müssen ihm erst einmal ein paar Grundsätze der Marktwirtschaft beibringen. Geschäft ist Geschäft. Darlehen werden nur aus stichhaltigen Gründen und ökonomischen Beweggründen vergeben."
F.D. Roosevelt benötigte Stalin zur Beerbung Deutschlands, Japans und des Britischen Empire (Bavendamm 1993), während Gorbatschow seine Rolle als Selbstauflöser der mit den USA rivalisierenden Macht noch zu seiner Regierungszeit ausgespielt hatte und nichts mehr zum „Geschäft" beitragen konnte.

Gorbatschow und sein Sowjetsystem schienen nicht einmal mehr kreditwürdig. Die folgenden Wochen bis zum Putsch gegen Gorbatschow sind nur noch vom flehentlichen Drängen der UdSSR nach westlicher Wirtschaftshilfe und den zurückhaltenden Reaktionen der USA geprägt, welche jedes Ansuchen mit der Gegenforderung nach mehr Marktwirtschaft abdrehten (B&T, S. 497 ff). Nachdem Bush am 31. Mai 1991 im Oval Office eine sowjetische Delegation aus Primakow,

Schtscherbakow und Jawlinski empfing, um deren Vorstellungen zu den sowjetischen Wirtschaftsreformen zu hören, waren sich diese nicht einmal untereinander einig, sodass später Bush zu Scowcroft meinte (B&T, S. 513): „Die Jungs haben wirklich nicht alle Tassen im Schrank, oder?" Der „böse Polizist" Dan Quayle stellte dazu in einem Interview klar, dass sämtliche Pläne einer direkten Finanzhilfe an die Sowjetunion keine Chance hätten. Die Regierung Bush werde keinesfalls „ein ineffizientes, bankrottes Wirtschaftssystem" unterstützen (B&T, S. 514). „Solange die Sowjetunion nicht die notwendigen systematischen Reformen durchführt, kann man soviel Geld hineinpumpen, wie man will, es hilft alles nichts." Sogar das Winseln wurde überhört.

Zwar durfte Gorbatschow im Juni 1991 zum G-7-Treffen nach London kommen, erntete aber überall nur gute Wünsche, aber keine reale Hilfe. Bush meinte (B&T, S. 535): „Der Bursche ist durchgefallen, stimmt's?" Als Bush zum Gegenbesuch nach Moskau reiste, um den START-Vertrag zu unterzeichen, sah Gorbatschow die amerikanische Taktik helle und beschwerte sich am 30. Juni 1991 bei Bush (B&T, S. 539): „Sie reden immer in großen Worten, dass Sie unseren Erfolg wünschen. Wenn es dann aber konkret wird, legen Sie uns Steine in den Weg." Bush hatte freilich von Haus aus nie versprochen, wirklich helfen zu wollen.

Die Amerikaner konnten sich noch am selben 30. Juni 1991 davon überzeugen, wie Gorbatschow die Macht aus den Händen glitt. Zum Mittagessen mit Bush hatte er u.a. auch Boris Jelzin geladen, der am 12. Juni 1991 mit 57 % der abgegebenen 80 Millionen Stimmen zum ersten demokratisch gewählten Präsidenten von Russland gewählt worden war. Doch dieser weigerte sich in letzter Minute, an dieser „anonymen Massenaudienz" teilzunehmen (B&T, S. 540). Um diesem offensichtlichen Affront ein wenig den zu Stachel zu nehmen, erklärte sich Jelzin nur bereit, den für 20. August vorgesehenen neuen Unionsvertrag zu unterzeichnen, der die Überlebenschance der Sowjetunion wenigstens als losen Zusammenschluss zu erhöhen schien. Als Bush in die Ukraine weiterreiste, sah es allerdings bereits wenig rosig für diese Konföderation aus, so unübersehbar waren die Manifestationen der ukrainischen Unabhängigkeitsbestrebungen (B&T, S. 544 ff). Die Frage „Cui bono - wem nützte" die „Reform"-Politik Gorbatschows", ist damit beantwortet: Sie zersetzte die „Sowjetmacht" und verhalf den USA „dialektisch" zur Weltherrschaft.

21. Der Weg ins Nichts

Zwischen Gorbatschows London- und Bushs Moskau-Reise erhielten die Amerikaner aus innersowjetischen Quellen am 20. Juni 1991 die erste Nachricht davon, dass Gorbatschow am nächsten Tag entmachtet werden solle (B&T, S. 519 ff). Die Amerikaner ließen dies unverzüglich Gorbatschow wissen, der aber eher amüsiert wirkte und am nächsten Tag im Obersten Sowjet erschien, eine rhetorische Breitseite gegen seine Widersacher losließ und mit 262 zu 24 Stimmen Unterstützung fand.

Nach ihrem Gipfeltreffen flogen Bush und Gorbatschow im August in den Urlaub, der eine nach Maine, der andere ans Schwarze Meer. Bush las in seinem Domizil in Kennebunkport am 17. Juni 1991 im Tagesbericht für den Präsidenten, dass sowjetische Hardliner noch in letzter Minute den neuen Unionsvertrag torpedieren wollten. Alexander Jakowlew warne vor einem „Staats- und Parteicoup" (B&T, S. 551). Am nächsten Tag wollte Gorbatschow von der Krim zurück nach Moskau fliegen, um zwei Tage später den neuen Unionsvertrag zu unterzeichen. Am 18. August 1991 abends meldete aber die Nachrichtenagentur TASS, dass „gesundheitliche Gründe" Gorbatschows Rücktritt erzwungen hätten, Vizepräsident Janajew sein Amt übernommen habe, und ein sechsmonatiger Ausnahmezustand über die Sowjetunion verhängt sei (B&T, S. 552). Tatsächlich wurde Gorbatschow am Nachmittag, als er an seiner Rede für die Unionsvertragsunterzeichnung arbeitete und ehe er seinen Rückflug antrat, von einen „nationalen Notstandskomitee" unter Hausarrest gestellt, nachdem er sich weigerte, ein Dekret zu unterzeichnen, das die Präsidialvollmacht an Janajew übertragen sollte (B&T, S. 550).

In ihrer ersten Meldung erklärte die TASS nur, dass „gesundheitliche Gründe" Gorbatschows Rücktritt veranlassten und Vizepräsident Janajew sein Amt übernommen habe (ebendort). Da dem CIA seit Monaten bekannt war, dass Gorbatschow mit ernsthaften emotionalen und psychischen Spannungen zu kämpfen hatte, prüfte George Kolt, Direktor der Abteilung für Sowjetanalysen, zunächst, ob Gorbatschow nicht vielleicht wirklich erkrankt war (B&T, S. 554). Erst nachdem TASS in einer zweiten Meldung bekannt gab, dass Janajew und seine Junta mit Ministerpräsident Pawlow, KGB-Chef Krjutschkow, Verteidigungsminister Jasow, Innenminister Pugo und ZK-Sekretär Oleg Baklanow einen sechsmonatigen Ausnahmezustand über die Sowjetunion verhängten (B&T, S. 552), war geklärt, dass der

Absetzung des Präsidenten politische und nicht medizinische Motive zugrunde lagen (B&T, S. 554)

Am folgenden Tag war Bush auf das Schlimmste gefasst und sehr bemüht, niemanden zu brüskieren, vor allem Gennadi Janajew nicht (B&T, S. 559). Als Walesa, Havel und Antall sich besorgt darüber zeigten, dass die Moskauer Hardliner Mittel und Wege finden könnten, ähnliche Umstürze in Polen, der Tschechoslowakei und Ungarn zu inszenieren, bat sie Bush dringend, keine voreiligen Maßnahmen zu ergreifen, die provokativ wirken könnten (B&T, S. 558). Scowcroft bestärkte seinen Präsidenten darin, zumindest solange gute Mine zu böses Spiel zu machen, bis die Situation durchschaubarer geworden war. Janajew und seine Leute „müssen vorsichtig sein. Es ist gut möglich, dass wir mit diesem Kerl noch lange zu tun haben werden" (B&T, S. 560). Bush meinte (ebendort): „Vielleicht ist es das beste, ihn erst mal mit Samthandschuhen anzufassen."

Vor der Presse „würdigte" der US-Präsident Gorbatschow bereits als „historische Persönlichkeit" und erklärte (B&T, S. 561): „Wir werden unsere diplomatischen Anstrengungen mit Vorsicht vorantreiben und jedes Übermaß sowie Extreme vermeiden." Gegenüber Lawrence Eagleburger, Bakers Stellvertreter, und Robert Gates, Scowcrofts Stellvertreter, erklärte der sowjetische Botschafter in Washington, er „schätze" das „Verständnis", das Präsident Bush bisher gezeigt habe (B&T, S. 564). Der Friedensnobelpreisträger und „Geschäftspartner" war erledigt, der Mohr hatte seine Schuldigkeit getan, die Ernte war eingebracht, und mit jeder neuen Sowjetführung ließe sich leben.

Erst allmählich zeigten sich Truppen und Panzer auf Moskaus Straßen. Sie waren weder wirklich kampfbereit, noch schienen sie einer erkennbaren politischen Absicht zu folgen. Der amerikanische Stabschef Colin Powell, später Außenminister unter Bush II., wunderte sich (B&T, S. 563): „Die sind einfach ohne Auftrag losgeschickt worden." Aufgrund der laufend eingehenden Nachrichten meldete er seinem Verteidigungsminister (B&T, S. 564): „Es ist etwas geschehen, aber nicht so, wie es hätte geschehen sollen." Der Chef der Nationalen Sicherheitsbehöre Fritz Ermarth erfasste die Vorgänge so (ebendort): „Hier sind nur Stümper und Verlierer am Werk. Das Ganze wird im Bruch enden." Und das tat es auch.

Der allseits unterschätzte Boris Jelzin wurde nicht festgesetzt und rief zum Generalstreik auf. Zwar besetzten sowjetische Truppen Radio- und Fernsehstationen in Estland und Litauen und umstellten in Moskau den russischen Regierungssitz, stürmten ihn aber nicht (B&T, S. 568 f). Am 21. August 1991 verhafteten Anhänger Jelzins einige Verschwörer, Junta-Chef Janajew fanden sie besinnungslos betrunken in seinem Arbeitszimmer im Kreml vor. Innenminister Pugo erschoss sich selbst - samt seiner Frau. KGB-Chef Krjutschkow und Verteidigungsminister Jasow flogen auf die Krim, um mit Gorbatschow zu verhandeln, der aber ihren Empfang verweigerte. Der in einem weiteren Flugzeug nachfolgende Vizepräsident (und später erbitterte Feind) Jelzins, Alexander Rutzkoi, arretierte die beiden schließlich.

Zu einem wirklichen Triumph wurde Gorbatschows Rückkehr nach Moskau aber keineswegs (B&T, S. 572). Er hielt es nicht für nötig, zum Sitz der russischen Regierung zu gehen und Jelzin für seine Befreiung zu danken. Statt sich zum Sprecher der jetzigen Veränderungen im politischen Leben der Sowjetunion zu machen, tat Gorbatschow so, als könnte das Leben wie früher weitergehen, nachdem er seinen Posten zurückerhalten hatte. Er erkannte nicht, dass sich die KPdSU selbst das Grab geschaufelt hatte, und gelobte feierlich, „sich voll und ganz für die Erneuerung der Partei einzusetzen" (B&T, S. 572). Erst drei Tage nach seiner Rückkehr ließ sich Gorbatschow zur Rettung seiner Karriere überreden, als Generalsekretär der Partei zurückzutreten, das ZK aufzulösen und das Eigentum der Partei dem sowjetischen Parlament zu übergeben, das nun prompt mit 283 gegen 29 Stimmen alle Aktivitäten der Partei verbot.

Bereits am 23. August demütigte Jelzin Gorbatschow bei einem gemeinsamen Fernsehauftritt in aller Öffentlichkeit, und am 24. August 1991 erhängte sich Marschall Achromejew in seinen Amtsräumen. Als Gorbatschow General Moisejew anstelle Jasows zum neuen Verteidigungsminister ernannte, beinspruchte dies Jelzin, weil dieser auf Seiten der Umstürzler gestanden habe, sodass Gorbatschow Moisejew fast unmittelbar nach seinem Amtsantritt wieder entließ. Da sich Alexander Bessmertnych als Nachfolger Schewardnadses während des Putsches nach Jelzins Ansicht zu passiv verhalten hatte, musste auch er demissionieren. Ende August äußerte Bush gegenüber dem neuen britischen Premierminister John Major, dass Jelzin „Gorbatschow durch den Schmutz zieht" (B&T, S. 575). Scowcroft erinnerte Kollegen daran (ebendort), dass Jelzin schon vor dem Coup „Gorbatschow fast abgesägt hätte. Jetzt geht es darum, ob er es schafft, sich wieder zu erholen. Er kämpft jetzt um sein politisches Überleben." Die US-Regierung hielt still und ließ den Ereignissen ihren Lauf. Weitere „Investitionen" waren für den ferneren Ablauf des „Geschäftes" nicht mehr nötig.

Am 24. August 1991 verabschiedete das ukrainische Parlament seine Unabhängigkeitserklärung, dann folgten Weißrussland, Moldawien, Aserbeidschan, Kirgisien, Usbekistan und Tadschikistan (B&T, S. 577 ff). Der sowjetische Kongress der Volksdeputierten suchte mit den Ereignissen Schritt zu halten und strebte eine Konföderation unabhängiger Staaten an, mit Gorbatschow als Vorsitzenden eines gemeinsamen Exekutivkomitees. Die baltischen Staaten und fünf weitere Republiken boykottierten allerdings die Eröffnungssitzung des Parlamentes. Gorbatschow versprach, die Unabhängigkeit des Baltikums anzuerkennen, und am 6. September 1991 erkannte das neue provisorische Exekutivkomitee der Sowjetunion die baltischen Staaten an.

Als sich Bush und Gorbatschow zum letzten Mal nach dem gescheiterten Putsch wieder trafen, zur Nahostfriedenskonferenz in Madrid Ende Oktober 1991, waren die sowjetischen Staatskassen bereits so leer, dass die Amerikaner für einen Großteil der Unkosten der sowjetischen Delegation aufkommen mussten (B&T, S. 582 f). In den vertraulichen Gesprächen zwischen ihnen war freilich kaum vom Nahen Osten die Rede, sondern von der „Komplexität" der innenpolitischen Situation der Sowjetunion. Als Bush vor der Presse zu Gorbatschow sagte: „Sie sind immer noch der Herr im Hause", klang dies bereits recht herablassend.

Den hartnäckigen Versuch Gorbatschows, seinen neuen Unionsvertrag durchzusetzen, nahm keine der Republiken mehr ernst. Zwar bestellte Gorbatschow in der real kaum mehr existierenden Sowjetunion noch einmal Schewardnadse zum Außenminister, was anzunehmen letzterer schon bald als „einen schweren persönlichen Fehler" bezeichnete (B&T, S. 588). In einer Volksabstimmung stimmten die Ukrainer mit überwältigender Mehrheit am 1. Dezember 1991 ihrer Unabhängigkeitserklärung zu (B&T, S. 586).

Am 7. Dezember trafen sich in der weißrussischen Hauptstadt Minsk die Präsidenten Russlands, der Ukraine und Weißrusslands und kamen offiziell überein, dass die Sowjetunion nicht mehr existiere und ihre Stelle eine „Gemeinschaft Unabhängiger Staaten" trete (B&T, S. 587). Gorbatschow luden sie hiezu nicht einmal mehr ein. Zwei Tage später bezeichnete seine verbliebene Umgebung dies als „zweiten Putsch" (ebendort). Ansätze Gorbatschows, sich zu wehren und weiter eine führende Rolle zu beanspruchen, blieben mangels Substanz und realer Macht erfolglos. Wenige Tage darauf fragte Bush (B&T, S. 593): „Das ist wirklich das

Ende, nicht wahr?", worauf Scowcroft antwortete: „Ja. Gorbatschow ist inzwischen zu einer tragischen Gestalt geworden."

Am 14. Dezember 1991 traten die fünf zentralasiatischen Republiken dieser „GUS" bei (B&T, S. 594). Als zwei Tage später der zu Besuch in Moskau weilende US-Außenminister Baker den russischen Präsidenten Jelzin traf, um die wahre Lage zu sondieren, erschien neben ihm der neue Befehlshaber der sowjetischen Streitkräfte, General Schaposchnikow: Die Armee hatte sich auf die Seite Jelzins, Russlands und der Gemeinschaft Unabhängiger Staaten geschlagen (B&T, S. 595). Am folgenden Morgen, dem 17. Dezember musste Gorbatschow bekannt geben, dass die Sowjetunion und ihre politischen Strukturen mit Ende des Jahres 1991 aufhören würden zu existieren (B&T, S. 597). Am 25. Dezember 1991 wandte sich Gorbatschow vor der Fernsehkamera an die Bürger der 15 ehemaligen Sowjetrepubliken (B&T, S. 603): „Alle halbherzigen Reformen - und davon hat es viele gegeben - sind durchgefallen, eine nach der anderen. Die Entwicklung in diesem Land hat ins Nichts geführt, so, wie wir gelebt haben, konnten wir nicht weitermachen. Wir mussten *alles* radikal verändern."

Daraufhin wurde die Flagge der UdSSR am Kremldach zum letzten Mal eingeholt. US-Präsident Bush kündigte nun in seiner Fernsehansprache die diplomatische Anerkennung der Ukraine sowie anderer Republiken an und erbat Gottes „Segen für die Menschen der neuen Nationen in der Gemeinschaft Unabhängiger Staaten" (ebendort). Einen Monat später erklärte er in seinem Bericht zur Lage der Nation vor beiden Häusern des Kongresses triumphierend, die Vereinigten Staaten hätten „den Kalten Krieg gewonnen" (B&T, S. 604). Der Kongress dankte es ihm mit stehenden Ovationen.

Die „Reform"-Politik Gorbatschows zerstörte die Sowjetmacht, führte nach Gorbatschows eigenen Worten sein Land letztlich „ins Nichts", verhalf aber den USA im „dialektischen" Gegenzug zur Weltherrschaft. Die Rivalität der Supermächte samt ihren atomaren Implikationen war durch den Zusammenbruch der einen Seite beendet. Der Kommunismus war entscheidend geschlagen, was für Weinberger (Jung, S. 73) und Bush (B&T, S. 13) auch der offen ausgesprochene Zweck der Übung war. Bleibt nur zu fragen, was sich ihre Gegenseite eigentlich dabei dachte. Als „Nebeneffekt" erlangte Deutschland seine Wiedervereinigung, und die osteuropäischen Völker wurden von der sowjetischen Bevormundung befreit. Sogar die Bevölkerung der GUS-Staaten erhielt bisher ungeahnte politische Freiheit - der Preis war ihr ökonomischer Ruin und eine Schwächung des russischen Imperiums für Jahrzehnte.

22. Die wahre Rolle Gorbatschows

Eine „normale" Geschäftspartnerschaft kann zwischen Gorbatschow und dem Westen nicht geherrscht haben. Als ausgesprochen einseitiges „Geschäft" wäre sie Betrug an ihm seitens des Westens gewesen. Als „Partnerschaft" würde sie jede Gleichbehandlungskommission auf den Platz rufen. Nein, es war Politik. Politik im Kalten Krieg, mit bekannten Gegnern und weitgehend mit den Mitteln der Subversion ausgetragen. Ein subversiver Krieg, der vielfach von Stellvertretern ausgefochten wurde. Bisweilen wurden sogar seine Hauptprotagonisten direkt in Schießkriege miteingebunden - z.B. in Korea, Indochina, Afghanistan oder auf Grenada. Da sich im Kalten Krieg nicht nur der Westen, sondern auch der Osten als mit allen Wassern gewaschen erwies, fand zugleich kein „üblicher" Schlagabtausch statt. Die westliche Subversion oder Infiltration muss in der Gestalt Gorbatschows eine besondere Qualität erreicht haben (Caspart 1998).

Im März 1985 wurde Gorbatschow von der Sowjetspitze mit der Führung der KPdSU betraut, um die Sowjetunion gegenüber dem Westen konkurrenzfähiger zu machen. Dazu musste er die sowjetische Wirtschaft auf Vordermann bringen, ein für den Westen tödliches Unterfangen. Unmittelbar nach dem Tode Tschernenkos definierte Gorbatschow seine Linie demnach (Wagenlehner 1987, S. 456): „Wir müssen eine entscheidende Wende bei der Umstellung der Volkswirtschaft auf das Gleis der intensiven Entwicklung durchsetzen." Wäre dies gelungen, Gnade dem Westen.

Die Gerontokratie hatte allerdings aus ihrer Sicht den Falschen gewählt, jemanden, der Thatchers „Lektion über die Herrschaftsstrukturen in einer modernen Gesellschaft" tatsächlich gelernt hatte (sofern nicht anders angegeben, werden die folgenden Zitate aus den vorangehenden Kapiteln wiedergegeben). Ob Gorbatschow sie bloß naiv verinnerlichte oder sich im Dezember 1984 auf Checquers gar bewusst anwerben ließ, bleibt die Frage. Das Ergebnis ist jedenfalls bekannt: Die „Reform"-Politik ging für die Sowjetunion so gründlich daneben, dass die „Stagnation der Breschnew-Jahre" heute als das „goldene Zeitalter" der UdSSR gelten darf.

War Gorbatschow ein naiver Bewunderer des westlichen Systems oder gar ein willentlicher Agent - hin wie her, spätestens seit Checquers im Dezember 1984 war er „rekrutiert" und ein „Schläfer". Mit seiner

Installierung im März 1985 wurde der Goldrichtige berufen, freilich nicht für die Sowjetunion, sondern für den Westen. Dies wusste Margaret Thatcher und deshalb „gefiel" ihr Mr. Gorbatschow, weil man mit ihm „ins Geschäft kommen" konnte. Ob sie mit ihm schon vorher „im Geschäft" war und ihn „direkt" rekrutierte, wird sich wegen der Archivlage wohl nicht so rasch klären lassen, wenn überhaupt jemals. Auch als „indirekter Rekrut" war er nicht minder zu führen (über die Rekrutierungs- und Führungsmethoden von Geheimdiensten siehe z.B.. Ostrovsky 1991, u.a. S. 124, 131 f).

Jemanden direkt anzuwerben, ist immer riskant und setzt in der Regel eine gründliche Vorarbeit voraus. Ob eine direkte Rekrutierung britischen Stellen im Fall Gorbatschow überhaupt möglich war, muss bei einer selektierten Dokumentations- und Informationssituation offen bleiben. Sosehr direkt rekrutierte Agenten von Vorteil sind, weil sie unmittelbar zu führen sind und kooperieren, tragen sie immerhin zwei Hauptrisiken mit sich: Entweder der potentielle Rekrut verweigert sich, ist gewarnt und geht verloren, oder aber er und seine Verbindungsleute sind nach einer erfolgreichen Rekrutierung speziell gefährdet. Ein sowjetisches ZK-Mitglied westlicherseits direkt anwerben zu wollen, setzt ein so hohes Maß an Naivität und Illoyalität beim potentiellen Rekruten voraus, dass den Briten das Risiko des Verlustes enorm hoch erscheinen musste. Hat man hingegen die weiche Stelle des Anzuwerbenden erkannt, ist es nahezu risikolos und wesentlich besser, ihn indirekt zu rekrutieren. Er kooperiert unter entsprechender Führung, ohne überhaupt zu wissen, dass er für fremde Dienste tätig ist.

Zur Rekrutierung und Führung direkter wie indirekter Agenten dienen Geld, Sex und/oder Psychologie (vor allem Rache, ideologische Einstellung, Geltungssucht und Eitelkeit). Geld spielte bei sowjetischen Führungsleuten seit der Breschnew-Zeit keine Rolle mehr, sie verfügten über alles, was sie brauchten und wollten. Unter diesem Gesichtspunkt können auch die nach dem Abtritt Gorbatschows und Kohls aus der aktiven Politik aufgetauchten Gerüchte gesehen werden, reichliche Spenden an die „Gorbatschow-Stiftung" hätten Gorbatschows problemloses „Ja" zur deutschen Wiedervereinigung nachgeholfen (Seinitz 1999).Von Sex ist bei Gorbatschow nichts bekannt. Zu rächen brauchte sich ein zum Parteiführer aufgestiegener ZK-Sekretär an niemandem und nichts. Mit der ideologischen Festigkeit schien es zwar in den oberen Rängen vielfach nicht mehr weit her zu sein, aber offener Verrat aus der inneren Überzeugung von der Notwendigkeit eines Wechsels zum feindlichen

System ist weniger wahrscheinlich, zu sehr wollte Gorbatschow den Sozialismus verbessern.

Allein sein Geltungsbedürfnis und seine Eitelkeit waren unübersehbar. Zeigte man ihm, wie sehr er sich „westlich modern" profilieren konnte, so war er damit zu beeindrucken und zu „bekommen". Zugleich traf eine solche Strategie auch die eigenen Intentionen Gorbatschows, seine Rivalen und Widersacher mittels Perestroika und Glasnost an die Wand zu spielen. Bot man ihm bei jeder Gelegenheit die Chance, im Westen als Reformer und Staatsmann von Weltformat zu glänzen, und lobte man nur gründlich seine Glasnost und Perestroika, ließ er sich damit problemlos in die gewünschte Richtung führen. Je größer die Kluft zwischen seinen reformerischen Ambitionen und der nicht zuletzt auch durch sie in die „Katastroika" schlitternden Wirklichkeit wurde, desto fester saß Gorbatschow im Griff und in der Falle.

Die Hypothese von der indirekten Rekrutierung Gorbatschows scheint also viel für sich zu haben. Wie sieht es mit den empirischen Belegen dafür aus? Noch nie zuvor hatte ein Staatsmann einer Weltmacht im Frieden und ohne gewaltsame Revolution sein Imperium binnen weniger Jahre außen- wie innenpolitisch selbst ruiniert. Es müssen demnach außerordentliche Kräfte am Werk gewesen sein. Gorbatschow „hätte (nach Jelzin) genauso weitermachen können wie Breschnew und Tschernenko. Für seine Amtszeit hätten wohl noch die Naturschätze und die Geduld des Volkes ausgereicht". Auch wenn sein Spielraum - weniger machtpolitisch, mehr ökonomisch - wirklich enger geworden sein mochte, die „Reformen" brachten das Gegenteil der durch die Perestroika gesetzten Erwartungen, nämlich sogar den Rückgang des sowjetischen Bruttosozialproduktes.

In den Jahren 1987 und 1988 wurde das „neue Denken" forciert, Gorbatschow war „geweckt". In dieser Zeit müssten die Briten die Agentenführung an die Amerikaner übergeben haben. Aber noch hielt Gorbatschow den sowjetischen Machtanspruch aufrecht und erklärt am 12.1.1988 vor dem ZK: „Wir haben unsere Wahl getroffen und werden auf dem Weg weitergehen, den wir 1917 begonnen haben." Die Sparmaßnahmen des Politbüros mit der Zurücknahme staatlicher Investitionen und den *de facto* Lohnkürzungen vieler Arbeiter sowie Preiserhöhungen von Anfang Januar 1989 zeigten freilich, dass die Perestroika nach hinten los gehen würde. Damit wurde es zunehmend enger für Gorbatschow: An der Heimatfront zunehmende Schwierigkeiten, nur im Ausland großes Lob. Was sollte Gorbatschow schon anderes übrig bleiben, als wenigstens auf die Trumpfkarte der „Gorbimanie" im Ausland zu setzen (vergl. Kölm, S. 209). Um sie aber nicht einzubüßen, musste er zu Hause weiter „Perestroika" spielen, mit dem Erfolg, dass es nicht nur wirtschaftlich ständig bergab ging, sondern - wie von den Amerikanern ja vorrangig gewünscht - allmählich auch machtpolitisch. Ab jetzt kam es seitens der Amerikaner zur Anwendung der „chinesischen Wasserfolter": Ein „Tropfen" westlicher Perestroika-Panegyrik war jeweils nur mit einem Gegen-„Tropfen" sowjetischer Machtaufgabe zu erkaufen.

Als direkter Agent wäre Gorbatschow jetzt nervös geworden. Doch sein Selbstbewußtsein, seine Autorität und sein Machtgefühl blieben zunächst noch ungebrochen. Er glaubte einfach an die verinnerlichte Perestroika. Jelzin „sah, dass die Macht von ihm Besitz ergriff und er das Gefühl für die Realität verlor. Er hatte die ungetrübte Illusion, die Perestroika entwickle sich wirklich in die Breite und in die Tiefe und erfasse die Massen und alle Gebiete der Sowjetunion. Das traf jedoch im wirklichen Leben nicht zu." Sein Schwärmen von „kollektiven Besitzverhältnissen" und dem „schwedische Modell" verrieten Gorbatschows wirtschaftliche Naivität.

Im November 1989 fiel die Berliner Mauer, und gleichzeitig bezeichnete Gorbatschow in Mailand den Prager Frühling 1968 als „eine anerkennenswerte Bewegung für Demokratisierung, Erneuerung und Humanisierung der Gesellschaft". Trotz offiziellem Verzicht auf die Breschnew-Doktrin und der Verurteilung der eigenen Afghanistan-Invasion am Gipfeltreffen Anfang Dezember 1989 auf Malta wird Gorbatschows Psychologie weiterhin als ungebrochen geschildert. Nicht einmal Wirtschaftshilfe wurde ihm für seine einseitigen Leistungen geboten. Ein direkter Agent hätte jetzt um sein Leben fürchten und sich absetzen müssen, doch Gorbatschow blieb noch gut eineinhalb Jahre.

Parallel mit der außenpolitischen Macht der UdSSR schwand auch Gorbatschows innenpolitische Autorität: Die Unabhängigkeitserklärung der litauischen KP und der Sturm Bakus im Januar 1990, die antikommunistische Demonstration Hunderttausender am 3. Februar 1990 oder Jelzins Aufruf zur Aufgabe der Vormachtstellung der KP und für ein Mehrparteiensystem hätten einen Agentenführer zum Rückzug seines direkten Agenten veranlassen müssen. Dass der Oberste Sowjet am 27. Februar 1990 Gorbatschow umfassende Präsidialvollmachten zubilligen musste, war für einen „demokratischen Sozialisten" im Grunde bereits kein Ruhmesblatt, die 65 Gegenstimmen - immerhin ein Fünftel - zu den 306 Prostimmen aber ein Warnsignal.

Die Unabhängigkeitserklärung des Litauischen Parlamentes am 12. März 1990 und die Wahl des von Gorbatschow bekämpften Boris Jelzin am 29. Mai 1990 zum Präsidenten Russlands durch den Obersten Sowjet der russischen Republik zeigten nun ihre summarische Wirkung: Am Washingtoner Gipfeltreffen im Mai 1990 sind die Autorität Gorbatschows und seine psychologische Stabilität für die Amerikaner merklich gebrochen. Ein direkt geführter Agent wäre zurückgezogen worden, sprich zurückgetreten, nur eine ferngesteuerter „Überzeugungstäter" konnte so weitermachen.

Nachdem es durch das Instrument der Glasnost nicht mehr möglich wurde, noch weiterhin zwischen Reformern und „Orthodoxen" zu lavieren, entmachtete Gorbatschow zunächst das Politbüro und das Zentralkomitee und fällte die großen Entscheidungen nur noch im kleinsten Kreis oder ganz allein. Gorbatschow gewann wenigstens teilweise seine Contenance zurück, sodass am 8. Juni 1990 Margaret Thatcher, seine „Entdeckerin" in Checquers, bei ihrem Besuch in Moskau den Eindruck hatte, er sei weiterhin Herr der Lage, selbstsicher und überschwänglich. Allein dies extra festgestellt und darauf eigens hingewiesen zu haben, demonstriert, wie gefährdet ihr ehemaliger Schützling bereits geworden war. Bush hatte recht: „Der Bursche ist die Perestroika", „Er ist alles, was wir haben" und „Wir müssten das allergrößte Interesse daran haben, weiterhin mit diesem Mann zu tun zu haben."

Wenn Gorbatschows Vizeaußenminister Juli Kwizinski am 6. Juli 1990 in der Parteisektion für internationale Politik die deutsche Einheit befürwortete, zu der es genauso keine reale Alternative gäbe wie zum sowjetischen Truppenabzug aus Osteuropa, zeigt dies ein Schwächeeingeständnis, welches kaum ein direkt geführter Agent machen lassen durfte. Das Viertel Gegenstimmen am Parteitag zu Gorbatschows Wiederwahl zum Generalsekretär am 28. Parteitag der KPdSU mit 3.411 gegen 1.116 Stimmen im Juli 1990 demonstriert die wachsende Gegnerschaft - und Gefährdung für jeden direkten Agenten. Gorbatschows offizielle eigene Zustimmungserklärung zur deutschen Wiedervereinigung am 16. Juli 1990 zeigte einen Mut, den nur ein unbewusster, indirekter Agent haben durfte.

Allmählich ging auch den Sowjets ein Licht auf: Wenn Valentin Falin Außenminister Schewardnadse als „den einflußreichsten Agenten der Amerikaner" bezeichnete (B&T, S. 317), dann hat er wohl – vielleicht auch aus Respekt - die Hauptsache vergessen, dessen Chef. Auch bei

Schewardnadse, einem ehemaligen KGB-Chef einer sowjetischen Teilrepublik, stellt sich das Agentenproblem ähnlich wie bei Gorbatschow, direkt oder indirekt. Nur fehlen Ort und Zeitpunkt der Rekrutierung sowie der Namen seines Rekrutierers. Möglicherweise rekrutierte ihn Gorbatschow selbst. Indirekte Agenten vermögen durchaus weitere indirekte Agenten anzuwerben.

Nach getaner Arbeit muss man auf indirekte Agenten nicht soviel Rücksicht nehmen wie auf direkte. Letztere könnten ausplaudern und ihre Auftraggeber wie die Verbindungsoffiziere kompromittieren; erstere handeln ungewollt und unbewusst im fremden Interesse, nur einfühlsamer geführt. Wenn sie ihre Aufgabe wie erwünscht erledigt haben, kann man sie ruhig fallen lassen. Dass Bush und Baker im Sommer 1990 beschlossen, intensivere Kontakte zu anderen gegenwärtigen und potentiellen sowjetischen Führungspersönlichkeiten aufzunehmen, spricht daher nochmals für die indirekte Rekrutierung und Führung Gorbatschows. Ein direkter Agent wäre zurückgezogen worden, man hätte ihm sein bemitleidenswertes weiteres Schicksal ersparen können und ihn auch vor Ort nicht mehr gebraucht. Der Friedensnobelpreis für 1990 war ein schwaches Trostpflaster für die laufenden und noch kommenden Demütigungen.

Einen direkt anweisbaren Operationsagenten namens Gorbatschow hätte man zwar auch Ende November 1990 scheinbar auf scharf programmieren und sich dem „konservativen" Lager nähern lassen können, um zu Hause das Gesicht zu wahren, die „Hardliner" zu beruhigen und noch einige Monate Herrschaft bzw. Einflussmöglichkeiten zu retten. Der „größte Agent Amerikas", Außenminister Eduard Schewardnadse, wäre dann aber am 20. Dezember 1990 vor dem Volksdeputiertenkongress kaum aus Protest gegen eine kommende Diktatur zurückgetreten, zu nützlich wäre er seinem Agentenkollegen gewesen. Der allein gelassene Gorbatschow blieb auf seinem Posten, stoppte aber plötzlich wieder den Einmarsch seiner Truppen in Vilnius im Januar 1991, just als die USA im Januar 1991 selbst mit dem Zweiten Golfkrieg beschäftigt waren.

Die eitle Verlockung, den Friedensvermittler spielen zu dürfen, ließ Gorbatschow auf halbem Wege stehen bleiben, sodass er es sich nun mit allen zu Hause verscherzt hatte, den „Konservativen" wie den „Demokraten". Damit vertat er seine vorletzte Chance Anfang 1991, doch im Grunde wollte Gorbatschow nicht den „alten" Kommunismus retten, sondern seinen eigenen kreieren, sodass er seine kurze „konservative"

Wende nicht mit vollem Herzen, ernster Absicht oder tieferer Einsicht, sondern aus Verzweiflung vollzog. Er gefiel sich im unrealistischen Wunsch, den Kommunismus zu reformieren, und destabilisierte damit wunschgemäß selbsttragend und von oben herab die Gegenmacht der USA.

Gerade an diesem Zeitpunkt zum weichen Kurs zurückgekehrt zu sein, macht eine direkte „höhere Weisung" recht unwahrscheinlich. Die Nebelschwaden des Zweiten Golfkrieges hätte man besser nützen können, um Gorbatschow noch eine Zeit lang auf hartem Kurs zu belassen und ihn damit wieder zu festigen. Der „Wüstensturm" war geradezu perfekt geschaffen, einen direkten Agenten zu Hause den „wilden Mann" spielen zu lassen, während man der Weltöffentlichkeit den „klinisch reinen" Krieg gegen den „zweiten Hitler" im Fernsehen vorführte. Ausgerechnet jetzt die Rettung des eigenen Agenten zu stoppen, war verfrüht. Weder war die sowjetischen Nahostpolitik so bedrohlich geworden, noch die Aktionen im Baltikum so wild, als dass man mit der Rückkehr zum weichen Kurs nicht bis nach dem „Wüstensturm" hätte warten können. Das Abgehen von Kurs der Härte war also vom indirekten Einflussagenten selbst intendiert. Bestenfalls jetzt erst könnten Spenden an die „Gorbatschow-Stiftung" mitgeholfen haben, aber wohl kaum ein Jahr vorher, als die deutsche Wiedervereinigung zur Disposition stand, die innenpolitische Stellung Gorbatschows weniger angefochten war, und er „Spenden" noch kaum nötig hatte (Seinitz 1999).

Mit Müh' und Not brachte Gorbatschow im März 1991 noch sein Referendum für eine neue Konföderation durch, allerdings schon bei Boykott einiger Republiken. Seinen Hilferuf angesichts einer drohenden Hungersnot konnte Bush Ende April 1991 nur bei einem indirekten Agenten mitleidlos kommentieren (B&T, S. 496): „Der Junge begreift es scheinbar nicht. Offenbar glaubt er, dass wir ihm Wirtschaftshilfe *schulden*, weil wir ihn politisch unterstützen. Wir müssen ihm erst einmal ein paar Grundsätze der Marktwirtschaft beibringen. Geschäft ist Geschäft. Darlehen werden nur aus stichhaltigen Gründen und ökonomischen Beweggründen vergeben."

Der indirekte Agent war fallengelassen worden, er mochte selbst schauen, wo er blieb. Vizepräsident Dan Quayle konstatierte im Mai 1991 klar, dass sämtliche Pläne einer direkten Finanzhilfe an die Sowjetunion keine Chance hätten, und die Regierung Bush keinesfalls „ein ineffizientes, bankrottes Wirtschaftssystem" unterstützen werde. Einem direkten Operationsagenten schuldet man was, einem indirekten nichts. Zum G-7-

Treffen durfte Gorbatschow zwar im Juni 1991 nach London kommen, erntete aber überall nur gute Wünsche, aber keine reale Hilfe. Bushs mitleidloser Kommentar lautete: „Der Bursche ist durchgefallen, stimmt's?"

Am 12. Juni 1991 wurde Boris Jelzin mit 57 % der abgegebenen 80 Millionen Stimmen zum ersten demokratischen Präsidenten Russlands gewählt. Die Tage Gorbatschows waren endgültig gezählt. Beim Gegenbesuch Bushs am 30. Juni 1991 weigerte sich Jelzin, an einer „anonymen Massenaudienz" teilzunehmen. Bush bekam noch auf seiner Weiterreise in die Ukraine unmissverständlich mit, dass der neue Unionsvertrag wenig reale Überlebenschancen hatte. Gorbatschow war auch für seine Agentenführer überflüssig geworden.

Als die Amerikaner aus innersowjetischen Quellen am 20. Juni 1991 die erste Nachricht erhielten, dass Gorbatschow am nächsten Tag entmachtet werden sollte, ließen sie dies unverzüglich Gorbatschow wissen. Seine Reaktion war aber für einen bewussten Verräter, der ja um sein Leben hätte fürchten müssen, atypisch: Er wirkte eher amüsiert und erschien im Obersten Sowjet, um eine rhetorische Breitseite gegen seine Widersacher loszulassen und mit 262 zu 24 Stimmen Unterstützung zu finden. Als es am 18. August 1991 dann wirklich soweit war und der Putsch gegen Gorbatschow losbrach, war Bush auf das Schlimmste gefasst und sehr bemüht, niemanden zu brüskieren, vor allem Gennadi Janajew nicht. Den scheinbar neuen starken Mann wollte Bush „erst mal mit Samthandschuhen anfassen". Um einen direkten Agenten hätte er sich besorgter zeigen müssen, denn ein bewusster Verräter hätte im Falle eines Gelingens des Putsches alles ausplaudern müssen.

Nach dem Scheitern des Putsches und dem Sieg Jelzins gelobte Gorbatschow feierlich, „sich voll und ganz für die Erneuerung der Partei einzusetzen", anstatt zu erkennen, dass sich die KPdSU selbst das Grab geschaufelt hatte. Kein direkter Agent hätte dies getan, sondern nur ein reformkommunistischer Selbstläufer. Ein direkt zu lenkender operativer Agent hätte sich zum Sprecher der jetzigen Veränderungen im politischen Leben der Sowjetunion gemacht. Nachdem aber Gorbatschow seinen Posten zurückerhalten hatte, tat er so, als könnte das Leben wie früher weitergehen. Seine allerletzte Chance vertat Gorbatschow, indem er selbst nach dem Putsch gegen ihn immer noch nicht von seinem unverwirklichbaren Unternehmen lassen mochte, den Kommunismus zu reformieren. Dieser war mittlerweile auch im „Vaterland des Sozialismus" so gründlich diskreditiert, dass ihn keiner mehr wollte - außer Gorbatschow. Nur ein selbstlaufender Gesinnungstäter konnte so endgültig alles verspielen.

Erst drei Tage nach seiner Rückkehr ließ sich Gorbatschow zur Rettung seiner Karriere überreden, als Generalsekretär der Partei zurückzutreten, das ZK aufzulösen und das Eigentum der Partei dem sowjetischen Parlament zu übergeben, welches sogleich mit der satten Mehrheit von 283 gegen 29 Stimmen alle Aktivitäten der Partei verbot. Hier zeigt sich überdeutlich den Motor der Psyche Gorbatschows: Ehrgeiz und Geltungssucht. Nur ließ er sich durch die Amerikaner jetzt nicht einmal mehr instrumentalisieren. Gorbatschow wurde schon fast zur Belastung, sodass sich die Amerikaner den neuen Machthabern im zu Ende gehenden Sowjetreich zuwenden konnten und mussten.

Wenn dem CIA bereits Monate vor dem Augustputsch 1991 bekannt war, dass Gorbatschow mit ernsthaften emotionalen und psychischen Spannungen zu kämpfen hatte, hätte jeder verantwortliche Agentenführer seinen aus dem Ruder laufenden direkten Rekruten zurückziehen müssen. Am 23. August 1991 demütigte Jelzin noch Gorbatschow bei einem gemeinsamen Fernsehauftritt. Als Gorbatschow dann anstelle Jasows General Moisejew zum neuen Verteidigungsminister ernannte, entließ er ihn auf den Einspruch Jelzins, Moisejew habe auf Seiten der Umstürzler gestanden, fast unmittelbar nach seinem Amtsantritt wieder. Außenminister Bessmertnych musste wegen passivem Verhaltens während des Putsches demissionieren. Scowcroft sagte zu recht, dass Jelzin schon vor dem Coup „Gorbatschow fast abgesägt hätte. Jetzt geht es darum, ob er es schafft, sich wieder zu erholen. Er kämpft jetzt um sein politisches Überleben." Die US-Regierung half ihm nicht mehr weiter, was sie bei einem direkten Agenten getan hätte, wenn sie ihn schon wirklich nicht abziehen wollte.

Kein direkt operativ zu führender Agent hätte nach dem Augustputsch noch etwas auf eine Reform der KPdSU gesetzt. Ein ferngesteuerter Agent der USA hätte vielmehr getan, was Jelzin und das Parlament selbst machten, nämlich die KP auflösen. Wäre Gorbatschow selbst an die Spitze der Antikommunisten getreten, hätte er vielleicht noch politische Überlebenschancen gehabt, woran seine amerikanischen Agentenführer unbedingt interessiert sein mussten - sofern er überhaupt direkt zu steuern war. Nachdem sich das Duo Reagan-Bush entschloss, dem Kommunismus samt seiner Führungsmacht ernsthaft entgegenzutreten und ihn nach Möglichkeit sogar zu beseitigen, statt ihn wie bisher bloß „einzudämmen", wäre es doch ihr Ziel gewesen, die KPdSU als Quelle allen Übels zu vernichten. In diese Richtung hätten sie „unseren Mann" als direkten Rekruten auch instruiert. Nur ein ehrgeiziger Selbstläufer konnte den Fehler des späten August 1991 begehen und dann die Demütigungen der letzten Amtsmonate durchstehen, um weiter eine prominente Rolle spielen zu dürfen.

Prestigesüchtig wie seit jeher stellte sich Gorbatschow vor, noch seinen neuen Unionsvertrag durchzusetzen und den Vorsitz eines gemeinsamen Exekutivkomitees einer Konföderation unabhängiger Staaten zu übernehmen. Doch am 24. August 1991 verabschiedete das ukrainische Parlament seine Unabhängigkeitserklärung, dann folgten Weißrussland, Moldawien, Aserbeidschan, Kirgisien, Usbekistan und Tadschikistan. Gorbatschow musste versprechen, die Unabhängigkeit des Baltikums anzuerkennen, und am 6. September 1991 erkannte das neue provisorische Exekutivkomitee der Sowjetunion mit ihm an der Spitze die baltischen Staaten tatsächlich an. Am 1. Dezember 1991 stimmten die Ukrainer mit überwältigender Mehrheit in einer Volksabstimmung ihrer Unabhängigkeitserklärung zu. Keinen psychisch labil gewordenen direkten Agenten hätte man unter solchen Umständen ausharren lassen.

Die Präsidenten Russlands, der Ukraine und Weißrusslands luden Gorbatschow nicht einmal mehr ein, als sie sich am 7. Dezember 1991 in der weißrussischen Hauptstadt Minsk trafen, um offiziell übereinzukommen, dass die Sowjetunion nicht mehr existiere und an ihre Stelle eine „Gemeinschaft Unabhängiger Staaten" trete. Versuche Gorbatschows, sich gegen diesen „zweiten Putsch" zu wehren und weiter eine führende Rolle zu beanspruchen, blieben mangels Substanz und realer Machtmittel erfolglos. Am 17. Dezember musste Gorbatschow bekannt geben, dass die Sowjetunion und ihre politischen Strukturen mit Ende des Jahres 1991 zu existieren aufhören würden, und wandte sich am 25. Dezember 1991 vor der Fernsehkamera an die Bürger der 15 ehemaligen Sowjetrepubliken: „Alle halbherzigen Reformen - und davon hat es viele gegeben - sind durchgefallen, eine nach der anderen. Die Entwicklung in diesem Land hat ins Nichts geführt."

Das Fazit ist klar: Gorbatschow wurde von den Briten 1983 entdeckt, im Dezember 1984 indirekt rekrutiert und 1987 oder 1988 an die Amerikaner übergeben. Von diesen wurde er 1989 und 1990 subtil „gepflegt" und eiskalt benützt, um nach getaner Arbeit 1991 fallengelassen zu werden. Im Oktober 1986, als Reagan in Reykjavik Gorbatschow traf, mit ihm in der

Abrüstungsfrage nicht übereinkam, und Kohl der Goebbels-Vergleich passierte, wussten offenbar diese beiden Verbündeten noch nichts von der indirekten Rekrutierung des gegnerischen Spitzenmannes. Die von den wirtschaftlichen Realitäten abgehobenen „Reformen" Gorbatschows setzten bald nach seinem Amtsantritt ein, brauchten aber einige Zeit, um ihre destabilisierende Wirkung zu entfalten. Erst dann konnte er übergeben werden, eine vorzeitige Abtretung hätte die Gefahr einer Blamage mit sich gebracht. Thatchers Warnung an Kohl war ohnehin gefährlich genug, vielleicht wurde sie sogar schon von der Mitteilung der Rekrutierung begleitet. Noch 1990 schilderte der Privatsekretär der britischen Premierministerin „die Beziehungen zwischen Thatcher und Gorbatschow als eine solche besonderer Art". Für Uneingeweihte musste jedenfalls die Perestroika zunächst nach hervorragend eingefädelter Propaganda und bloßen PR-Blasen aussehen.

Die westliche Presse war gehörig hingerissen, und die „bösen Polizisten" von Stile Dan Quayles hatten im Spiel mit verteilten Rollen ihre speziellen Aufgaben: Sie demonstrierten den sowjetischen „Falken", wie brandgefährlich Gorbatschows Politik für den Westen und folglich richtig für den Osten wäre. Zugleich mussten sie Gorbatschow unter dem Vorwand noch nachgiebiger stimmen, die westlichen Hardliner nicht zu reizen, damit sie nicht Oberwasser gewännen und seine Reformpolitik gefährdeten. Schließlich demonstrierten die „bösen Polizisten" mit ihrer Forderung nach einer verschärften Tonart den westlichen „Tauben", dass die konservative Bush-Administration doch eine „gute Polizei", sehr moderat und nicht so schlimm wäre.

Während Gorbatschow aus der inneren Verwaltung der Sowjetunion kam (Meissner 1990, S. 34 f), waren die amerikanischen Spitzenleute alte Geheimdiensthasen: George Bush war u.a. CIA-Direktor gewesen und James Baker III. ein mit allen Wassern gewaschener Anwalt, Finanzminister und politischer Stabschef (Tarpley & Chaitkin 1992). Die saloppe und von der salbungsvollen, für die Öffentlichkeit gedachten Phraseologie so auffällig abweichende Sprache im engeren Kreis hätte Gorbatschow auch als direkten Agenten gegolten - doch in diesem Falle wäre ihm, schon aus westlichem Eigeninteresse, geholfen worden. Jemand, der nicht weiß, dass er für die andere Seite tätig ist, wird anders geführt als eine Person, die offen und direkt rekrutiert worden ist. Wenn Feuer am Dach ist, muss der direkte Agent zurück gezogen werden, um den indirekten hingegen braucht man sich nicht weiter zu kümmern.

Indirekt rekrutierte Agenten wollen einfühlsam „gepflegt" werden, solange man sie braucht. Dies beherrschten der ehemalige CIA-Direktor Bush wie der „chinesische Wasserfolterer" Baker glänzend. Bushs taktische Flexibilität darf nicht durch sein etwas steifes und bemüht wirkendes öffentliches Auftreten unterschätzt werden, welches ihn vielleicht die zweite Amtsperiode kostete. Nachdem Franklin D. Roosevelt die Hegemonie über die halbe Welt errungen hatte, eroberte das Tandem Reagan-Bush sie über den Rest. Der „Cowboy" und der Wirtschaftsmagnat zählen zu den drei erfolgreichsten US-Präsidenten des 20., des jetzt vollendeten „amerikanischen" Jahrhunderts.

Dummheit im banalen Sinn des Wortes kommt für das Scheitern Gorbatschows nicht infrage. Viel zu souverän und gekonnt machiavellistisch schaltete er in seiner ersten Herrschaftsperiode seine Rivalen und Widersacher aus. Seine Energie und Geschicktheit veranlassten doch Kohl zur Warnung vor dem „zweiten Goebbels". Was ihm fehlte und Bush zweifellos besaß, war außenpolitische Erfahrung. Doch ihr Mangel kann Gorbatschows ruinöses Wirken auch nicht erklären, denn erstens gelang es ihm zu sehr, sich zum Liebling der öffentlichen Meinung seiner Gegner hochzuarbeiten, und zweitens standen ihm die vielfältigen Kader seines Außenministeriums und der Geheimdienste zu Verfügung.

Offener oder bewusster Verrat kommt auch nicht in Betracht, zumal Gorbatschow wie alle Spitzenleute - nicht nur im Osten - von den eigenen Diensten doch laufend überwacht wurde. Mit seiner zunehmenden Unbeliebtheit bei den eigenen „Falken" wäre es diesen eine Freude gewesen, Gorbatschow ans Messer liefern zu können. Es war die eitle Verblendung eines Gesinnungstäters und indirekten Meinungsagenten, die ihn und sein Imperium in den Ruin trieben. Bar tieferer wirtschaftlicher Kenntnisse und selbstberauscht von seiner abenteuerlichen, aber syntheseunfähigen Dialektik war er besessen vom naiven Ehrgeiz, die Sowjetunion als „neuer Lenin" vor allem auch ökonomisch reformieren zu können. In der Kombination mit politischer „Glasnost" war die ökonomisch-gesellschaftliche Perestroika ein selbstmörderisches Bemühen.

Die sich daraus bietenden Chancen für den Westen erkannte Thatcher in ihrer Checquers-Lektion messerscharf. Man hat einen Eitlen gefunden und seinen Ehrgeiz gepflegt. Allein „dieser Busche" war die Perestroika und sonst niemand. Bakers „chinesische Wasserfolter" war die Führungsmethode, um den indirekt rekrutierten Gegner keinen Ausweg mehr zu lassen. Das beliebte europäische Ressentiment von der „amerikanischen Naivität" bedarf dringend einer Korrektur - die amerikanische Oberschicht mag vieles sein, nur ist sie alles andere als naiv.

Der machtpolitische Rivale des USA hat sich selbst liquidiert. Gorbatschows Unfähigkeit auf der einen Seite, seine Perestroika in eine wirtschaftspolitische Praxis zu überführen, stand die rüde, aber überlegene Staatskunst von Reagan, Bush und Baker auf der anderen Seite gegenüber.

Indirekt Rekrutierte sind zwar keine direkt zu kommandierende Befehlsempfänger, doch sie tragen einen enormen Vorzug in sich: Sie sind Selbstläufer, kompromittieren niemanden, kosten wenig und können nach Gebrauch fallen gelassen werden. Exakt diesem Bild entspricht Gorbatschow in jeder Beziehung und verifiziert damit die Hypothese von seiner indirekten Rekrutierung (Caspart 1999). Weder „Partner" noch „Geschäftsfreund", sondern eiskalt gebraucht und dann stehen gelassen, armer Gorbatschow!

Literaturnachweis

A

Abel AGANBEGJAN: Ökonomie und Perestroika. Gorbatschows Wirtschaftsstrategien. Aus dem Russischen von Gabriele Leupold und Renate Janssen-Tavhelidse. Hoffmann und Campe Verlag, Hamburg 1989.
Gary ALLEN: Die Insider. Baumeister der „neuen Weltordnung". 10. erweiterte Auflage, VAP-Verlag, Wiesbaden 1990.

B

Dirk BAVENDAMM: Roosevelts Krieg 1937-45 und das Rätsel von Pearl Harbor. Herbig Verlag, München 1993.
Hermann von BERG; Marxismus-Leninismus. Das Elend der halb deutschen und halb russischen Ideologie. Bund-Verlag, Köln 1986.
Michael R. BESCHLOSS und Strobe TALBOT: Auf höchster Ebene. Das Ende des Kalten Krieges und die Geheimdiplomatie der Supermächte 1989-1991. Aus dem Amerikanischen von Gabriele Gockel u.a.. Econ Verlag, Düsseldorf 1993.
Rafael BIERMANN: Zwischen Kreml und Kanzleramt. Wie Moskau mit der deutschen Einheit rang. Ferdinand Schöningh Verlag, Paderborn 1997.
Zbigniew BRZEZINSKI: Das gescheiterte Experiment. Der Untergang des kommunistischen Systems. Aus dem Amerikanischen von Hilde Linnert und Uta Szyszkowitz. Verlag Carl Ueberreuter, Wien 1989.

C

Wolfgang CASPART: Handbuch des praktischen Idealismus. Universitas Verlag, München 1987.
Wolfgang CASPART: Idealistische Sozialphilosophie. Ihre Ansätze, Kritiken und Folgerungen. Universitas Verlag, München 1991.
Wolfgang CASPART: Das Rätsel Gorbatschow. Teil I. Genius-Gesellschaft, Wien. Genius-Lesestücke 4/1998, S. 248-253.
Wolfgang CASPART: Das Rätsel Gorbatschow. Teil II. Genius-Gesellschaft, Wien. Genius-Lesestücke 1/1999, S. 21-25.
Carl von CLAUSEWITZ: Vom Kriege. Hinterlassenes Werk. Vollständige Ausgabe im Urtext in einem Band. Mit neuer historisch-kritischer Würdigung von Werner Hahlweg. 18. Auflage. Ferdinand Dümmler Verlag, Bonn 1971.

D

DOKUMENTE der Tagung des Politischen Beratenden Ausschusses der Teilnehmerstaaten des Warschauer Vertrages: Kommuniqué der Tagung des Politischen Beratenden Ausschusses der Teilnehmerstaaten des Warschauer Vertrages. APN-Verlag, Moskau 1988 (a).
DOKUMENTE der Tagung des Politischen Beratenden Ausschusses der Teilnehmerstaaten des Warschauer Vertrages: Die Folgen des Wettrüstens für die Umwelt und andere Aspekte der ökologischen Sicherheit. APN-Verlag, Moskau 1988 (b).

E

Benno ENNKER: Politische Herrschaft und Stalinkult. In Stefan Plaggenborg (Hrsg.): Stalinismus. Neue Forschungen und Konzepte. Berlin Verlag, Berlin 1998.

F

Anatolij FRENKLIN: Glasnost - ein Ausdruck sowjetischer Demokratie. Offenheit ist kein Selbstzweck, sondern ein Instrument der Umgestaltung. Aus dem Russischen von Maxim Pörschmann. In: Beiträge zur Konfliktforschung. Psychopolitische Aspekte. Köln 1987, Jahrgang 17, S. 27-47.
Ingeborg FLEISCHHAUER: Die Chance des Sonderfriedens. Deutsch-sowjetische Geheimgespräche 1941-1945. Siedler Verlag, Berlin 1986.

G

Pierre M. GALLIOS: Géopolitique. Les voies de la puissance (dt. „Geopolitik. Die Wege der Macht"). Verlag Plon, Paris 1990.
Michail Sergejewitsch GORBATSCHEW: Perestroika. Die zweite russische Revolution. Eine neue Politik für Europa und die Welt. Aus dem Amerikanischen von Gabriele Burkhardt, Reiner Pfleiderer und Wolfram Strölle. Verlag Droemer Knaur, München 1987.
Michail GORBATSCHOW: Das geistige Potential der Perestroika erweitern. Rede am Treffen im ZK der KPdSU mit Wissenschaftlern und Kulturschaffenden, 6. Januar 1989. APN-Verlag, Moskau 1989 (a).
Michail GORBATSCHOW: Perestroika – Anliegen aller Völker des Landes. Rede beim Treffen mit Werktätigen in Kiew, 23. Februar 1989. APN-Verlag, Moskau 1989 (b).
Michail GORBATSCHOW: In der Umbruchsetappe der Perestroika. Ansprache beim Treffen mit den führenden Vertretern der Massenmedien, 29. März 1989. APN-Verlag, Moskau 1989 (c).

Michail GORBATSCHOW: Energie der Jugend – In den Dienst der Perestroika. Rede auf dem Landesforum der sowjetischen Studenten, 15. November 1989. APN-Verlag, Moskau 1989 (d).
Michail GORBATSCHOW: Bericht über die Ereignisse des Treffens mit dem Präsidenten der USA und die Resultate der Tagung des Politischen Beratenden Ausschusses der Teilnehmerstaaten des Warschauer Vertrages, Moskau, Kreml, 12. Juni 1990. Verlag Novosti, Moskau 1990.
Colin S. GRAY: The Geopolitics of Nuclear Era. Heartland, Rimland and the Technological Revolution (dt. „Die Geopolitik des Nuklearzeitalters. Kernland, Randzone und die technologische Revolution"). 2. Auflage. National Strategy Information Center, New York 1985.
Johannes GROTZKY: Zur Akzeptanz und Umsetzung der Gorbatschow-Politik in der Sowjetunion. In: Osteuropa. Zeitschrift für die Gegenwartsfragen des Ostens. Stuttgart 1987, Jahrgang 37, S. 66-674.

J

Boris JELZIN: Aufzeichnungen eines Unbequemen. Aus dem Russischen von Annelore Nitschke. Verlag Droemer Knaur, München 1990.
Lothar JUNG: „Wir haben begonnen umzudenken". Michail Gorbatschows Reformkonzept für die UdSSR. Bund-Verlag, Köln 1987.

K

Henry A. KISSINGER: Die Vernunft der Nationen. Über das Wesen der Außenpolitik. Aus dem Englischen von Matthias Vogel. Siedler Verlag, Berlin 1994.
Lothar KÖLM: Michail Gorbatschow. Quo vadis, Sowjetunion. In: Kremlchefs. Politisch-biographische Skizzen von Lenin bis Gorbatschow. Herausgegeben von Lothar Kölm. Dietz Verlag, Berlin 1991.
Ernst KUX: Revolution von oben. Gorbatschows „Konservative Revolution". In: Die politische Meinung. Zweimonatshefte für Fragen der Zeit. Osnabrück 1987, Jahrgang 32, S. 24-32.

L

Wladimir Ilitsch LENIN (ULANOW): Werke. Band 31, Deutsche Ausgabe wird vom Institut für Marxismus-Leninismus beim ZK der SED besorgt. (Ost-)Berlin 1964.
Franz LOESER: Die unglaubwürdige Gesellschaft. Quod vadis, DDR? Bund-Verlag, Köln 1984.

M

Boris MEISSNER: Partei und Parteiführung unter Gorbatschow. In: Die Sowjetunion unter Gorbatschow. Stand, Probleme und Perspektiven der Perestroika. Herausgegeben von Hannes Adomeit, Hans-Hermann Höhmann und Günther Wagenlehner. Verlag W. Kohlhammer, Stuttgart 1990.

O

Werner OBST: Der rote Stern verglüht! Moskaus Abstieg - Deutschlands Chance. Ullstein Verlag, München 1985.
Victor OSTROVSKY: Der Mossad. Ein Ex-Agent enthüllte Aktionen und Methoden des israelischen Geheimdienstes. Aus dem Amerikanischen von Einar Schlereth und Gudrun Erler. Verlag Hoffmann und Campe, Hamburg 1991.
Patric O'SULLIVAN: Geopolitics (dt. „Geopolitik"). Verlag Croom Helm, London 1986.

P

Herbert PIETSCHMANN: Das Ende des naturwissenschaftlichen Zeitalters. Paul Zsolnay Verlag, Wien 1980.

S

Rainer F. SCHMIDT: Botengang eines Toren? Der Flug von Rudolf Heß nach Großbritannien vom 10. Mai 1941. Econ Verlag, Düsseldorf 1997.
Kurt SEINITZ: „Großzügigkeit" von Kohl hinter Gorbis Ja zur Deutschen Einheit? Neue Kronen Zeitung, 14. Dezember 1999, S. 2.
Andrej SINJAWSKIJ: Der Traum vom neuen Menschen oder Die Sowjetzivilisation. Aus dem Russischen von Swetlana Geier. S. Fischer Verlag, Frankfurt am Main 1989.
Viktor SUWOROW: Der Eisbrecher. Hitler in Stalins Kalkül. Aus dem Russischen von Hans Jäger. Verlag Klett-Cotta, Stuttgart 1989.

T

Webster Griffin TARPLEY & Anton CHAITKIN: George Bush. The unauthorized Biography. Executive Intelligence Review, Washington D.C. 1992.
Horst TELTSCHIK: 329 Tage. Innenansichten der Einigung. Siedler Verlag, Berlin 1991.

Margaret THATCHER: Downing Street No. 10. Die Erinnerungen. Übersetzt von Heinz Tophinke u.a.. Econ Verlag, Düsseldorf 1993.
Alexis (Comte) de TOCQUEVILLE: L'acien régime et la révolution (Dt. „Das alte Staatswesen und die Revolution"). Deutsch herausgegeben von Jacob Peter Mayer. Deutscher Taschenbuchverlag, München 1978.
Ernst TOPITSCH: Stalins Krieg. Die sowjetische Langzeitstrategie gegen den Westen als rationale Machtpolitik. Günter Olzog-Verlag, München 1985.
Robert TUCKER: Karl Marx. Die Entwicklung seines Denkens von der Philosophie zum Mythos. Verlag C.H. Beck, München 1963.

V

Michael S. VOSLENSKY: Sterbliche Götter. Die Lehrmeister den Nomenklatura. Ins Deutsche übertragen von Jürgen Liminski, Kirsten Scheibe und Lilo Schweizer. Verlag Straube, Erlangen 1989.

W

Günther WAGENLEHNER: Abschied vom Kommunismus. Der Niedergang der Kommunistischen Idee von Marx bis Gorbatschow. Verlag Busse Seewald, Herford 1987.
Gerhardt WEISS: „Neues Denken" und Handeln in der sowjetischen Abrüstung- und Rüstungspolitik: Ziele, Motive, mögliche Konstellationen. In: Hannes Adomeit, Hans-Hermann Höhmann und Günther Wagenlehner (Herausgeber): Die Sowjetunion unter Gorbatschow. Stand, Probleme und Perspektiven der Perestroika. Verlag W. Kohlhammer, Stuttgart 1990.
Gerhard WETTIG: Gorbatschow auf Lenin-Kurs? Dokumente zur neuen sowjetischen Politik. Rheinau-Verlag, Köln 1988.
Dimitri WOLKOGONOW: Stalin. Triumph und Tragödie. Aus dem Russischen von Vesna Jovanoska. Claassen Verlag, Düsseldorf 1989.
Dimitri WOLKOGONOW: Lenin. Utopie und Terror. Aus dem Russischen übersetzt von Markus Schweisthal u.a., Sonderausgabe. Eccon Verlag, Düsseldorf 1996.

Personenverzeichnis

Aboimow, Iwan 94
Achromejew, Sergej 93, 117
Afanasiew, Professor 46
Aganbegjan, Abel 17, 135
Alexander der Große 34
Allen, Gary 24, 25, 135
Andropow, Juri 7, 17, 25, 49, 60
Antall, József 140
Aquino, Corazon 85
Armand, Inessa 23

Baker, James 18, 80, 81, 82, 86, 89, 92, 93, 97, 116, 119, 126, 131, 132, 133
Bakhmetiev, Botschafter 24
Baklanow, Oleg 18
Bavendamm, Dirk 25, 51, 113, 135
Beckwith, David 86
Berg, Hermann von 8, 135
Beschloss, Michael 17, 41, 111, 135
Biermann, Rafael 98, 135
Bisers, Ilmars 102
Bjelorussow 110
Blackwill, Robert 91, 95
Bond, James 16
Brasauskas, Algirdis 87
Breschnew, Leonid 7, 28, 31, 33, 48, 49, 60, 83, 85, 87, 98, 106, 133, 134, 135, 136
Brzezinski, Zbigniew 39, 40, 81, 135
Buchanan, Sir George 25
Bucharin, Nikolaj I. 32, 37, 48, 49, 55, 58
Bush, George 18, 31, 42, 80, 81, 85, 86, 88, 90, 91, 92, 97, 112-119, 125-129, 131, 132, 133, 138
Buch, George W. 112

Caspart, Wolfgang 28, 57, 61, 121, 133, 135
Castro, Fidel 7
Ceausescu, Nicolae 79, 86
Chaitkin, Anton 131, 138
Chruschtschow, Nikita 7, 31, 32, 48, 59, 60, 63, 111

Clausewitz, Carl von 29, 135
Clinton, William J. 41, 81, 89

Dscherschinski, Felix E. 106, 108, 110
Dschingis Khan 34

Eagleburger, Lawrence 116
Engels, Friedrich 70
Ennker, Benno 27, 136
Ermarth, Fritz 116

Falin, Valtentin 95, 95, 125
Fitzwater, Marlin 80
Fleischhauer, Ingeborg 59, 136
Ford, Gerald 31
Frenklin, Anatolij 63. 136
Fürstenberg - siehe Ganetzki

Gallios, Pierre M. 29, 136
Ganetzki-Fürstenberg, Jakub 20, 21, 22, 109
Gates, Robert 116
Genscher, Hans-Dietrich 91
Goebbels, Josef 7, 9, 27, 44, 72, 94, 102, 111, 112, 131, 132
Goloschtschokin, Filipp 20
Gorbatschew, Michail - siehe Gorbatschow
Gorbatschow, Michail 6, 7, 10, 14-17, 25, 41-45, 47, 48, 49, 61, 63-66, 69-79, 81-83, 85-133, 135-139
Gorki, Maxim 38
Goulevitch, Arsene de 24, 25
Gray, Colin S. 29, 137
Grebing, Diplomat 21
Greenspan, Alan 82
Gromow, Boris 99
Gromyko, Andrej 17, 32, 79, 90
Grotzky, Johannes 69, 137
Gysi, Gregor 86

Havel, Vaclav 116
Hegel, Georg W.F. 57
Helphand-Parvus, Alexander L. 21

Heß, Rudolf 15, 138
Hitler, Adolf 7, 12, 32, 38, 58, 102, 127, 138
Hodnett, Grey 82
Honecker, Erich 79, 86

Iliescu, Ion 86

Jagow, von 22
Janajew, Gennadi 101, 115, 116, 117, 128
Jasow, Dimitrij T. 99, 115, 117, 129
Jawlinski, Georgi 114
Jelzin, Boris N. 32, 88, 92, 94, 97, 99-101, 112-114, 116, 117, 119, 123-125, 131, 137
Johannes Paul II, Papst 85
Jung, Lothar 8, 17, 43, 55, 87, 119, 137

Kaganowitsch, Lassar M. 58
Kamenew, Lew. B. 46, 49, 58
Kennan, George F. 8, 51
Kerenski, Alexander F. 21, 22, 24 39
Kissinger, Henry A. 8, 51, 137
Kobjanow, Sergej 108
Kohl, Helmut 5, 7, 9, 15, 21, 27, 30, 33, 44, 69, 72, 88, 91, 94-96, 122, 131, 132, 138
Kölm, Lothar 32, 124, 137
Kolt, George 114
Komplektow, Viktor 113
Kornienko, Georgi 90
Koslowski, M. 21, 22
Kossygin, Aleksej N. 60
Kosyrew, Andrej 113
Krenz, Egon 86
Krupskaja, Nadjeschda K. 23
Krjutschkow, Wladimir 99, 100, 115, 117
Krylenko, Nikolaj W. 20, 108
Kurski, Dimitri I. 107
Kux, Ernst 28, 137
Kwizinski, Juli 94, 125

Landsbergis, Vitautas 92, 102

Lenin, Wladimir I. 5, 17, 19-25, 32, 37-39, 45, 45-49, 55, 57, 61, 70-78, 79, 103-111, 132, 137, 139
Lincoln, Abraham 112
Loeser, Franz 8, 137
Ludendorff, Erich 23
Lunatscharskij, Anatolj W. 38

Majakowskij, Wladimir W. 37
Malinowski, Roman 20, 21, 95
Mao Tsetung 7
Martow, Juli O. 110
Marx, Karl 19, 70, 71, 139
Matlock, Jack 69, 87, 113
McCarthy, Joseph R. 52
Meissner, Boris 131, 138
Milner, Alfred Lord 25
Moisejew, Michail 117, 129
Molotow, Wjatscheslaw M. 46

Nechvolodov, Alexander 24
Noriega, Manuel 87

Obst, Werner 8, 138
Ordschonikidse, Grigori 20
Ostrovsky, Victor 16, 122, 138
O'Sullivan, Partic 29, 138

Parvus - siehe Helphand
Pawlow, Valentin S. 115
Pietschmann, Herbert 11, 138
Podgornyi, Nikolaj W. 60
Portugalow, Nikolai 90, 95
Powell, Colin 116
Powell, Charles 88
Primakow, Jewgeni 88, 99, 113
Pugo, Boris 99, 112, 115, 117

Quayle, Dan 80, 86, 127, 131

Radek, Karl B. 23

Reagan, Ronald 8, 9, 15, 18, 27, 30, 31, 33, 41, 54, 63, 74, 79, 80, 129, 130, 132, 133
Reich, James, 47
Ricardo, David 28
Rice, Condolezza 112
Romanow, Grigori 16, 17
Roosevelt, Franklin D. 51, 52, 113, 132, 135
Rosmirowitsch 20
Ross, Dennis 81, 89
Rutzkoi, Alexander 117
Ryshkow, Nikolaj I. 79

Saddam Hussein 102
Schewardnadse, Eduard 79, 81, 87, 89, 90, 92-95, 97, 99, 110, 110, 117, 118, 125, 126
Schiff, Jacob 24
Schmidt, Rainer F. 15, 138
Schtscherbakow, Wladimir 114
Schub, D. 22
Scowcroft, Brent 81, 114, 116, 117, 119, 129
Seinitz, Kurt 96, 122, 127, 138
Shiwkow, Todor 79
Shultz, George 42
Sinjawskij, Andrej 37, 38, 138
Sinowjew, Grigori 20, 23, 49, 58
Sokolnikow, Grogori J. 23
Sorokin, N. 109
Spandarjan, Suren 20
Stalin, Josef W. 7, 20, 25, 28, 31, 38, 40, 46-49, 51, 58, 59, 63, 73, 74, 100, 108-110, 113, 138, 139
Stankewitsch, Sergej 101
Stasowa, Jelena 20
Sumenson, Jewgenija M. 21, 22
Sununu, John 80, 81
Suworow, Viktor 59, 138

Talbot, Strobe 17, 41, 111, 135
Tarpley, Webster G. 131, 138
Teltschik, Horst 88, 91, 94, 95, 98, 138
Thatcher, Margaret 5, 7, 9, 15-17, 27, 29, 41, 88, 98, 121, 122, 125, 131, 132, 139

Timur Lenk 34
Tocqueville, Alexis de 16, 139
Topitsch, Ernst 32, 139
Trotzki, Leo D. 24, 46, 47, 49, 58, 71, 104, 105, 109, 110
Truman, Harry S. 52
Tschernenko, Konstantin 7, 17, 33, 42, 48, 49, 60, 61, 90, 121, 123
Tschitscherin, Georgij W. 43, 46
Tucker, Robert 57, 139

Ungern, Baron 109
Unschlicht, Josef S. 46

Voslensky, Michael S. 28, 33, 63, 139

Wagenlehner, Günther 17, 121, 138, 139
Walesa, Lech 116
Wangenheim, von 22
Webster, William 82
Weinberger, Caspar 8, 54, 83, 87, 119
Weiß, Gerhardt 41, 63, 139
Wettig, Gerhard 44, 103, 139
Wolkogonow, Dimitri 19-24, 45, 47-49, 58, 103-111, 139

Zeman, Buchautor 22
Zoellick, Robert 89

MENSCH UND GESELLSCHAFT
Schriftenreihe für Sozialmedizin, Sozialpsychiatrie, medizinische Anthropologie und philosophische Reflexionen

Herausgeber: Erwin Riefler

Band 1 Erwin Riefler: Methadonsubstitution bei Opiatabhängigkeit? Eine interdisziplinäre Studie über Indikation, Effizienz und Risiken der Methadonsubstitution. 2000.

Band 2 Erwin Riefler (Hrsg.): Jahrbuch für Sozialmedizin, Sozialpsychiatrie, medizinische Anthropologie und philosophische Reflexionen Jahrgang 1. Teil I: Naturwissenschaftliche Beiträge. 1999.

Band 3 Erwin Riefler (Hrsg.): Jahrbuch für Sozialmedizin, Sozialpsychiatrie, medizinische Anthropologie und philosophische Reflexionen Jahrgang 1. Teil II: Geistes und sozialwissenschaftliche Beiträge. 1999.

Band 4 Christian Ph. Josef Lehner: Die Heiler von Samoa. O LE FOFO. Monographie über die Heiler und die Naturheilmethoden in West-Samoa. 1999.

Band 5 Gerd Eichberger: Möglichkeiten und Grenzen der Rückführung von chronisch psychisch Kranken in die Gemeinde – am Beispiel Mistelbach. Unter Mitarbeit von Liselotte Seidl, Monika Vyslouzil und Adele Zimprich. 1999.

Band 6 Wolfram Gorisch: Wissenschaftliche Erkenntnis – Konstruktion oder Erklärung? Kritik des postmodernen Konstruktiven Realismus. 1999.

Band 9 Wolfgang Caspart: Gorbatschow als Partner des Westens. Geschichte – Sozialphilosophie – Politische Psychologie. 2001.

Otfried Dankelmann, Johannes Glasneck, Ralf Kessler,
Inge Kircheisen, Hartmut Rüdiger Peter und Walter Zöllner (Hrsg.)
unter Mitarbeit von Andreas Girbardt, Ulf Hartmann und
Monika Lücke

Biographisches Lexikon zur Weltgeschichte

Vom Mittelalter bis zur Gegenwart

Frankfurt/M., Berlin, Bern, Bruxelles, New York, Oxford, Wien, 2001.
1416 S.
ISBN 3-631-37646-4 · geb. DM 178.–*

Mehr als 70 Wissenschaftler skizzieren Biographien aus 1500 Jahren Weltgeschichte – vom Mittelalter bis zur Gegenwart. Vor allem Fakten verpflichtet, werden über 2000 Persönlichkeiten aus allen bewohnten Erdteilen und Regionen vorgestellt, weitere 3000 werden erwähnt. Neben den „Großen" der Geschichte sind – zahlreicher als sonst üblich – Repräsentanten politischer, sozialer, ethischer, religiöser und anderer Bewegungen und Organisationen berücksichtigt. Besondere Aufmerksamkeit erfahren Völker und Reiche der Dritten Welt, ehemals sozialistische Länder und ihnen nachfolgende Staaten. Die Biogramme informieren über Namen, Vornamen, Lebensdaten und Attribute, ihnen folgen Hinweise auf das soziale und familiäre Umfeld, auf Bildungsgang und Beruf. Im Mittelpunkt steht das politische Wirken; wichtige Schriften werden dokumentiert. Register helfen, das Buch zu erschließen. Ein Werk für Laien wie Fachwissenschaftler.

Frankfurt/M · Berlin · Bern · Bruxelles · New York · Oxford · Wien
Auslieferung: Verlag Peter Lang AG
Jupiterstr. 15, CH-3000 Bern 15
Telefax (004131) 9402131

*inklusive Mehrwertsteuer
Preisänderungen vorbehalten
Homepage http://www.peterlang.de